すぐにできる、
もう1品！

小さなおかず

365

北嶋佳奈

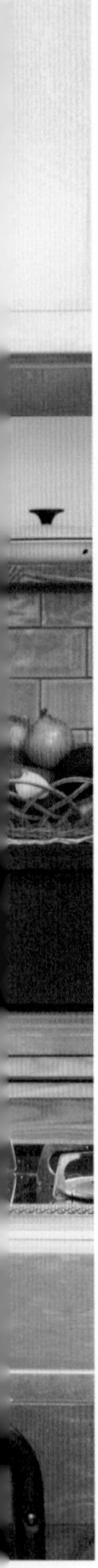

はじめに

副菜は、いわば縁の下の力持ちの小さなおかずです。主菜の引き立て役でありながら、ないとなんだか物足りない。栄養面でいえば、主食は炭水化物、主菜はたんぱく源、副菜はビタミン・ミネラル。現代人の深刻な課題でもある野菜不足を補ってくれるのも副菜です。

主菜を頑張った日は、副菜は家にある材料で手軽にできるものを。主菜を作る気力がなくて、できあいのものにする日でも、せめて副菜は手作りすることで、食卓も栄養面も充実します。特にお気に入りで私がよく作るのは、たたききゅうりやかぼちゃのサラダ、炊飯器にんじんです。彩りがよい、手間がかからない、定番の野菜１つで作れる、という３拍子がそろっています。

作りおきができるのも、副菜の魅力。まとめて作っておけば、忙しい毎日の支えになってくれること請け合いです。紫キャベツと紫玉ねぎのマリネやラディッシュのレモンピクルスなどは、少し添えるだけで食卓が一気に華やかになりますし、きゅうりのぽりぽり漬けやセロリの浅漬けなどはご飯のお供にもぴったりです。

前日に使った野菜の残りで、今日の副菜を。冷凍野菜を使ったり、便利な調理器具や電子レンジを活用して手間を省きつつ、食卓を彩ってくれる副菜。自分の気分や家にある材料に合わせて、自由にアレンジを楽しんでみてください。この一冊で、日々のごはん作りや献立作りを楽しんでもらえたら幸いです。

北嶋佳奈

NOVAK

CONTENTS

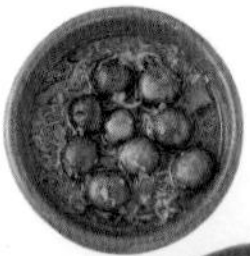

作りおき副菜

PART 2 やる気がなくても作れる！ カンタン副菜

まるごと調理しちゃえ！ ワイルド副菜

→はアレンジレシピです。

Contents

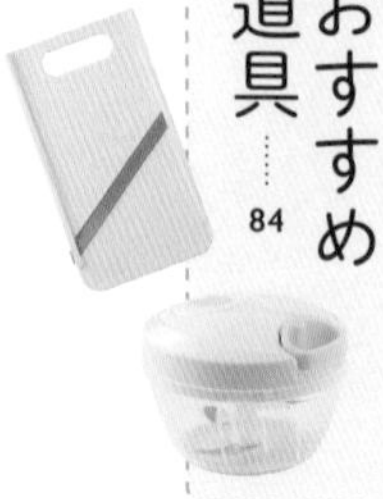

市販の冷凍野菜で作れる副菜

副菜のタレ&ソース

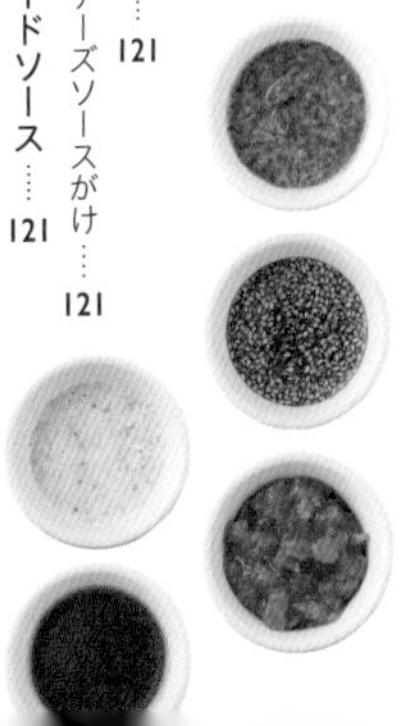

→はアレンジレシピ、→はそれぞれのタレ&ソースを使ったレシピです。

CONTENTS

PART 3 肌や体に気を配りたい！ ヘルシー副菜

COLUMN ③ 豆腐バリエ

低カロリーでも大満足! ダイエット副菜

PART 4 おなじみの野菜を使って! 素材別副菜

→はアレンジレシピです。

CONTENTS

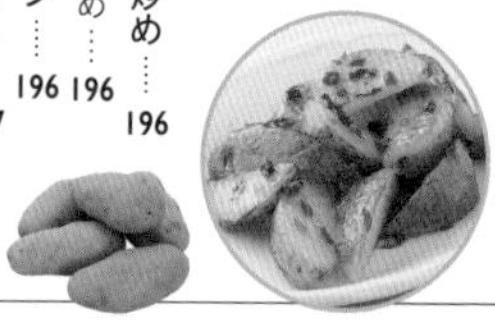

→はアレンジレシピです。

今日の副菜は何を合わせよう？

副菜は主菜に合わせて選びましょう。
組み合わせのヒントを紹介します。

主菜が**ハンバーグ**の場合、
野菜が不足しがちなので副菜で補いましょう。
やわらかいハンバーグには
噛みごたえのある副菜がおすすめ。

じゃがいもの
パセリバター炒め
≫ 作り方は P196

OR

コールスロー
≫ 作り方は P174

OR

にんじんの
チーズコンソメソテー
≫ 作り方は P99

肉料理には…

Kana's Choice

主菜がこってりした回鍋肉《ホイコーロー》の場合、
淡泊な味わいの副菜や酸味のある副菜を組み合わせて。
中華料理でまとめる必要はありません。

スライス玉ねぎおかか
≫ 作り方は ***P153***

OR

アボキムやっこ
≫ 作り方は ***P147***

OR

中華春雨サラダ
≫ 作り方は ***P56***

こってり味には…

Kana's Choice

主菜が**唐揚げ**の場合、食卓が茶色っぽくまとまりがちなので、
赤や黄、緑など華やかな色の副菜を。
揚げ物なのであっさりしたものが◎。

エスニックきゅうり
≫ 作り方は P180

OR

パプリカのマリネ
≫ 作り方は P143

OR

にんじんの
白だしレモンあえ
≫ 作り方は P91

茶系おかずには…

Kana's Choice

パスタがメインの場合、副菜にはたんぱく質を入れてあげて。
油揚げ、かに風味かまぼこ、ハム、しらす干しは
副菜に便利なたんぱく源です。

春菊とりんごと
ささみのサラダ
≫ 作り方は P198

OR

たたききゅうりと
かに風味かまぼこの
みそマヨあえ
≫ 作り方は P78

OR

小松菜の白だしびたし
≫ 作り方は P66

麺には…

失敗しない！

佳奈流 副菜作りのコツ

Kana's Cooking Tips

副菜は食材数を少なくして下ごしらえをスムーズにしたり、「切って混ぜる」「炒めて味付け」「混ぜて焼く」などできるだけ調理の工程をシンプルにして、自分の負担にならないように心がけています。

カンタンだにゃ～

愛猫のあんちょび♥

1 副菜は野菜を補う存在。野菜が1～2種類とれればOK

昔は「一汁三菜」の献立が理想といわれていましたが、忙しい現代人はそこまでできないのが現実。**栄養バランスがととのっていれば、「一汁一菜」でもよいというのが私の意見です。**ただ、それではどうしても野菜が不足してしまいがちなので、副菜で足りない野菜を補いましょう。**何種類もの野菜を使うのは手間がかかるので、毎日の副菜は野菜１～２種類でOK。**食材が少なければ、下ごしらえもスムーズです。

便利グッズを活用して調理の負担を軽減 2

最近は雑貨屋さんや100円均一ショップでも、調理の負担を軽くして時短になる便利なキッチングッズが豊富にそろっています。包丁の代わりにピーラーやスライサー、キッチンバサミを使ったり、小麦粉や片栗粉を均一にまぶす粉ふりボトルを使ったり、**便利グッズを上手に活用して、下ごしらえや調理、あと片付けの負担を減らしましょう。**

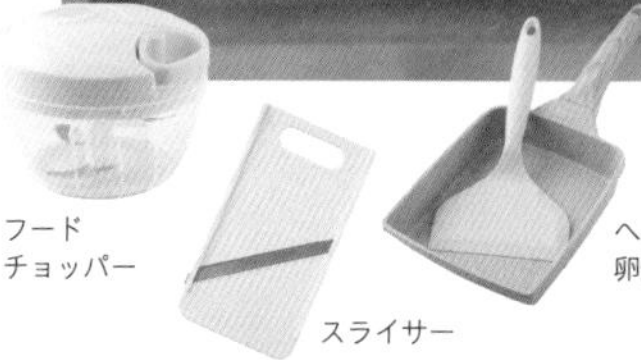

フードチョッパー

スライサー

へら付き卵焼き器

冷凍野菜や缶詰、乾物などストック食材を常備 3

買い物をするとき、主菜のことは考えても副菜のことまで頭が回らないこともありますよね。**あと一品ほしいけど、食材が足りないというときに役立つのが冷凍野菜や缶詰、乾物です。**缶詰は日もちするので常備しておけるうえに、下ごしらえの手間も少ないすぐれもの。冷凍野菜は電子レンジで加熱するかそのままフライパンで炒める、乾燥わかめや切り干し大根などの乾物は戻して味付けするだけで、あっという間に一品が完成します。

4 にんにく、しょうがのすりおろしはチューブでOK！白だし、粉チーズは簡単に味が決まる

風味付けに欠かせないにんにくやしょうがのすりおろしは、皮むきやすりおろす手間が省けるチューブタイプなどがおすすめです。だしをとらなくても簡単に味が決まる白だし、味付けや料理のコク出しに幅広く使える粉チーズは常備しておくと重宝します。

副菜作りに
役立つ
保存方法です

5 下ごしらえして冷凍しておくと使うときにラク

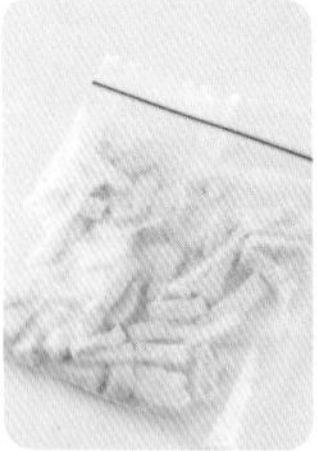
油揚げは油抜きし、短冊切りにして保存袋に入れて冷凍

青ねぎは小口切りにして保存袋に入れて冷凍

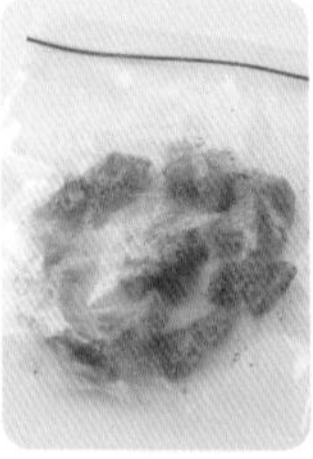
明太子はひと口大に切って保存袋に入れて冷凍

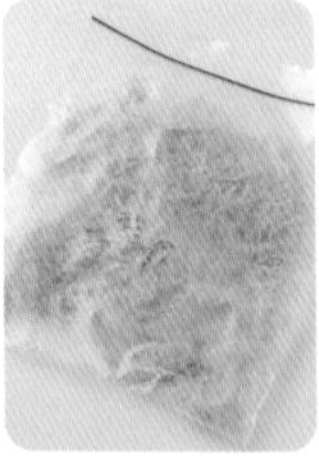
しらす干しは保存袋に入れて薄く広げて冷凍

冷凍できる食材は使いやすくカットして、保存袋に入れて冷凍しておくと、使うときにすぐに使えて便利ですし、食材をムダにすることもありません。ほうれん草やブロッコリーなど、ゆでてから使うことが多い野菜は、あらかじめ加熱してから冷凍しておくと調理がぐんとラクになります。

6 作りおきの副菜が1～2品あると忙しいときでも安心

肉や魚などの主菜はできたてを食べたいもの。副菜は週末など時間のあるときにまとめて作りおきしておくと、副菜作りの手間が省けます。忙しいときの晩ごはんはもちろん、慌ただしい朝のお弁当作りにも手軽に1品プラスできると、心が軽くなります。

愛猫の
おりーぶ♥

本書の見方&使い方

① シーン・特徴別アイコン

シーンや主菜に合わせてチョイスできるように、それぞれのレシピにアイコンを付けています。

さっぱり味　超カンタン　おつまみにも　お弁当にも
こってり味　超スピード　おもてなしにも　作りおきにも
定番　レンチン

② 材料

基本は２人分で表記。ただし、作りおき副菜（P56～68）、副菜のタレ&ソース（P120～123）、一部のレシピは作りやすい分量で表記しています。

③ 調理時間

調理にかかる目安の時間。あくまで目安なので、肉や魚介など加熱が必要なものは、中までしっかり火をとおしてください。豆腐の水きり時間や、冷やす時間、戻す時間などは含まれていません。

④ おいしくなるポイント

おいしく仕上げるポイントや、調理の際に気を付けること、ちょっとした豆知識を紹介しています。

⑤ 簡単アレンジでもう一品

材料を替えたり、加えたり……、簡単なアレンジレシピ付きです。

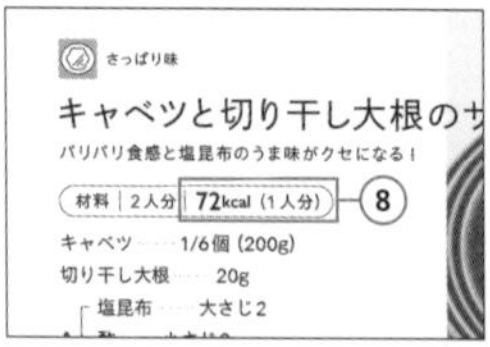

⑥ 保存期間｜P56~68

冷蔵保存する際のおいしく食べられる目安の期間。冷蔵庫の開け閉めの頻度、気候などで傷み方は変わりますので、食べる前に状態をよく確認してください。

⑦ 副菜のタレ&ソースを使って一品｜P120~123

上で紹介しているタレ&ソースを使った簡単な副菜のレシピ付きです。

⑧ エネルギー量｜P148~154

１食あたりの１人分のカロリー（kcal）を表示しています。

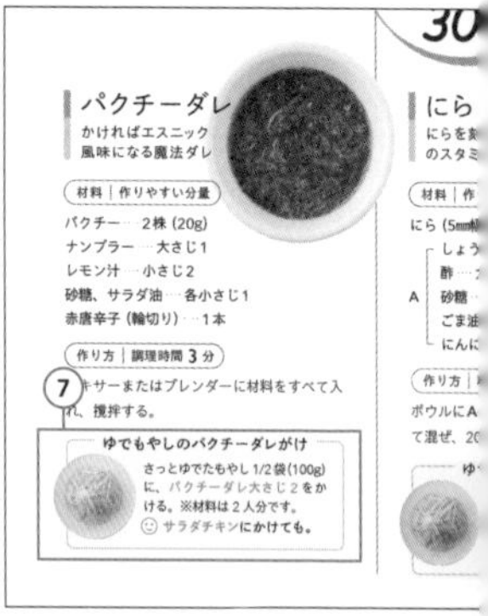

この本の決まり

- 小さじ１は５mℓ、大さじ１は15mℓ、１カップは200mℓです。
- 材料に表記しているｇは特に記載がない限り、皮やへた、種などを取り除いた正味の重量です。
- 野菜を洗う、皮をむく、へたや種を除くなどの基本的な下準備は省略しています。
- 火加減は特に記載がない限り、中火で調理を行ってください。
- 電子レンジの加熱時間は600W、オーブントースターの加熱時間は1000Wのものを基準にしています。メーカーや機種によって異なりますので、様子をみながら加熱してください。

PART 1

いろいろ役立つ！

使える副菜

主役級に食べごたえのあるがっつり副菜、
おもてなしにも使える酒の肴になる副菜、
忙しい日に重宝する作りおき副菜。
そして、旅気分で楽しめる世界の小さなおかず。
いろいろなシーンでお役立ちのおかずです。

主役級の
がっつり副菜

酒の肴になる
副菜

作りおき副菜

主役級のがっつり副菜

肉や豆腐、卵を使ったボリューム満点、食べごたえのある主役級の副菜を紹介します。主菜に格上げも可能です！

おもてなしにも

豚しゃぶとなすのサラダ 梅ドレッシング

疲れも吹っ飛ぶ！ さっぱり味のごちそうサラダ

材料｜2人分

豚しゃぶしゃぶ用肉……100g
なす……2本（200g）
きゅうり……1/4本
みょうが……1個
大葉……5枚
水菜……1/4束
酒……小さじ2
A ┌ ポン酢しょうゆ……小さじ2
　 └ 梅肉、ごま油……各小さじ1
白いりごま……適量

作り方｜調理時間 **15** 分

1 – 豚肉は酒をふり、鍋に湯を沸かし、さっとゆでて中まで火をとおし、ザルに上げる。

2 – なすはへたを落として縦に数本切り込みを入れ、ラップで包み、電子レンジ（600W）で2分、裏返して2分加熱し、水にさっとさらして手で裂く。

3 – きゅうりは薄い輪切り、みょうがは縦半分に切って斜め薄切り、大葉は千切りにする。水菜は4cm長さに切る。

4 – 器に水菜、きゅうりを盛り、**2**、**1**をのせ、みょうが、大葉をのせる。混ぜ合わせた**A**をかけ、白いりごまをふる。

なすはまるごと加熱することで水分が抜けすぎず、しっとり仕上がります。

こってり味

かぼちゃとソーセージのグラタン

ソーセージの塩気とかぼちゃの甘みで大満足！

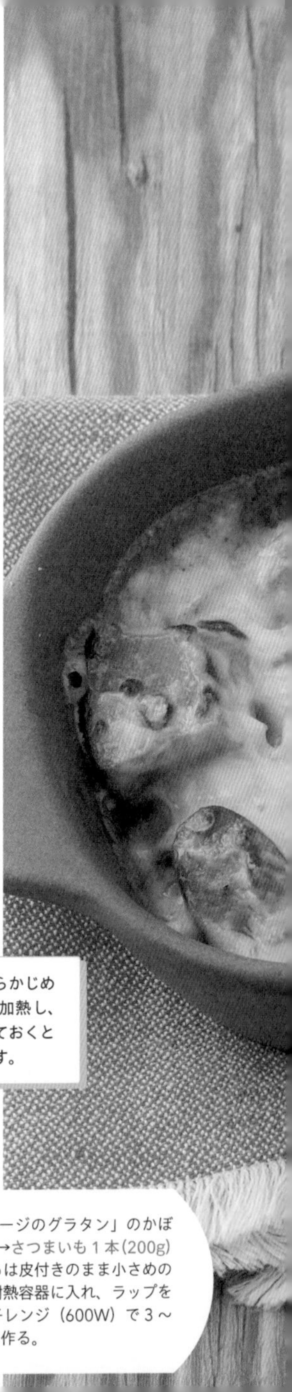

材料｜2人分

かぼちゃ……1/8個（200g）
ソーセージ……4本
玉ねぎ……1/4個
バター……5g
薄力粉……大さじ1
牛乳……1カップ
ナツメグ（あれば）……少々
塩、こしょう、ピザ用チーズ……各適量

作り方｜調理時間 15分

1 – かぼちゃは皮付きのまま種、わたを除いて小さめのひと口大に切り、耐熱容器に入れ、ラップをふんわりかけて電子レンジ（600W）で3～4分、竹串がすっと通るまで加熱する。ソーセージは1cm厚さの斜め切り、玉ねぎは薄切りにする。

2 – フライパンにバターを中火で熱し、ソーセージ、玉ねぎを炒める。薄力粉を少量ずつ加え、粉っぽさがなくなるまで炒め合わせる。弱火にして牛乳を少量ずつ加えてとろみが付くまで煮る。かぼちゃを加え、あればナツメグ、塩、こしょうで味をととのえる。

3 – グラタン皿に**2**を入れ、チーズをのせてオーブントースター（1000W）で5～10分、こんがりおいしそうな焼き色が付くまで焼く。

かぼちゃはあらかじめ電子レンジで加熱し、やわらかくしておくと時短になります。

かぼちゃとソーセージのグラタンのアレンジ

さつまいもとソーセージのグラタン

かぼちゃと同じほっくりさつまいもでやさしい味わい

「かぼちゃとソーセージのグラタン」のかぼちゃ1/8個(200g)→さつまいも1本(200g)にする。さつまいもは皮付きのまま小さめのひと口大に切り、耐熱容器に入れ、ラップをふんわりかけて電子レンジ（600W）で3～4分加熱し、同様に作る。

おつまみにも

豆腐の照り焼き温玉添え

とろ〜り温玉と甘辛いタレをからめてどうぞ

材料｜2人分

豆腐（木綿）……1丁（300g）
温泉卵……1個
片栗粉、ごま油、青ねぎ（小口切り）
……各適量

A
- しょうゆ、みりん、酒……各大さじ1
- 砂糖……小さじ2

作り方｜調理時間 **15**分（豆腐の水きり時間は除く）

1 豆腐はペーパータオル2枚で包んで15分おき、水きりする。食べやすい大きさに切り、全体に片栗粉をまぶす。

2 フライパンにごま油を熱し、**1**を焼く。全体に焼き色が付いたら、混ぜ合わせた**A**を加えてからめる。

3 器に盛り、温泉卵をのせて、青ねぎを散らす。

片栗粉をまぶすことで表面に焼き色が付きやすく、タレもからみやすくなります。

レンチン

よだれ鶏

鶏胸肉はレンチンでしっとり。一度食べたらやみつきに

材料｜2人分

鶏胸肉（皮なし）……1枚（300g）
レタス……1/4個
きゅうり……1/2本
A
- 砂糖……小さじ1
- 塩……少々

酒……小さじ2
B
- 長ねぎ（みじん切り）……1/2本（50g）
- 酢……大さじ1と1/2
- しょうゆ……大さじ1

C
- ごま油……小さじ1
- ラー油（好みで）、粗びき黒こしょう……各適量

パクチー（あれば・葉を摘む）、
ピーナッツ（あれば・刻む）……各適量

作り方｜調理時間 15分

1－鶏肉はフォークで全体を刺し、耐熱容器に入れてAをもみ込み、酒をふる。ラップをふんわりかけて電子レンジ（600W）で3分、裏返して2分加熱する。

2－レタスは細切り、きゅうりは縦半分に切って斜め薄切りにする。

3－**1**の鶏肉を取り出し、耐熱容器に残った汁30mℓに**B**を入れ、ラップをふんわりかけて電子レンジで1分加熱する。さらに**C**を加えて混ぜる。

4－器に**2**、食べやすく切った鶏肉を盛り、**3**をかけ、あればパクチー、ピーナッツを散らす。

鶏肉の真ん中を切って赤い部分がある場合は、追加で30秒ずつ加熱してください。

超カンタン

ナイフで切って
中のソースをからめながら
召し上がれ

パプリカの
ミートソースグリル

市販のミートソースを活用。食卓も華やかに

材料｜2人分

パプリカ（赤、黄）……… 各1個
ミートソース缶……… 100g
ピザ用チーズ……… 40g
パセリ（みじん切り）……… 適量

作り方｜調理時間 **30** 分

1 – パプリカはへたから2㎝のところで切り、種を除く。安定するように、へたの反対側を穴があかない程度に薄く切り落とし、アルミ箔で底を支えるように包む。

2 – **1**にミートソースを詰めて、チーズをのせ、オーブントースター（1000W）で15～20分焼く。途中で焦げそうになったらアルミ箔をかぶせる。

グラタンやハンバーグの具材を詰めてもOKです。

3 – 焼き上がったらパセリを散らす。

おもてなしにも

チキンと野菜のグリル マスタードマヨソース

粒マスタードがアクセントの万能ソースで召し上がれ

材料｜2人分

鶏もも肉……1枚（250g）
れんこん、かぼちゃ……各100g
アスパラガス……2～3本
玉ねぎ……1/4個
塩、こしょう……各少々
オリーブオイル……大さじ1
A
- プレーンヨーグルト……大さじ2
- マヨネーズ……大さじ1
- 粒マスタード……小さじ2
- しょうゆ、砂糖……各小さじ1
- 塩、黒こしょう……各少々

作り方｜調理時間 **30**分

1 - 鶏肉は食べやすい大きさ、れんこん、かぼちゃ、アスパラガス、玉ねぎは鶏肉と同じくらいの大きさに切る。
2 - 天板にクッキングシートを敷いて**1**を並べ、全体に塩、こしょうをふってオリーブオイルをかけ、オーブントースター（1000W）で15～20分焼く。
3 - 器に盛り、混ぜ合わせた**A**をかける。

すべての食材の大きさをそろえると、火の通りが均一になります。

定番

しみしみ鶏大根

鶏肉のうま味とだしを大根にしみ込ませて

材料｜2人分

鶏もも肉……1枚（250g）
大根……1/4本（250g）
サラダ油……小さじ1
A
- 水……1カップ
- みりん……大さじ2
- しょうゆ……大さじ1と1/2
- 和風だし（顆粒）……小さじ1/2

青ねぎ（小口切り）……適量

作り方｜調理時間 **30** 分

1 – 鶏肉は小さめの食べやすい大きさに切る。大根は小さめの乱切りにする。
2 – フライパンにサラダ油を熱し、**1**を炒める。鶏肉の色が変わったら**A**を加え、落としぶたをして20分、大根がやわらかくなるまで煮る。
3 – 器に盛り、青ねぎを散らす。

落としぶたがない場合、アルミ箔をフライパンの大きさに切り、くしゃくしゃにして広げ、中央に穴をあけて代用も。

しみしみ鶏大根のアレンジ

しみしみ豚大根

豚バラ薄切り肉の濃厚な脂感でスタミナアップ！

「しみしみ鶏大根」の鶏もも肉1枚（250g）→豚バラ薄切り肉150gにする。豚肉は4cm長さに切り、同様に作る。

さっぱり味

大根のひき肉あんかけ ゆずこしょう風味

とろりとしたひき肉あんに大根がよくからみます

材料｜2人分

大根……1/4本弱（200g）
A
- 鶏ひき肉……150g
- しょうゆ……大さじ1と1/2
- みりん……大さじ1
- ゆずこしょう……小さじ1

水……1カップ
B［片栗粉、水……各小さじ2

作り方｜調理時間 **20** 分

1 – 大根は1cm厚さのいちょう切りにし、耐熱容器に入れ、ラップをふんわりかけて電子レンジ（600W）で3分加熱する。
2 – フライパンに**A**を入れて中火にかけ、そぼろ状になるまで炒める。水、**1**を加えてふたをして弱火で10分、大根がやわらかくなるまで煮る。溶いた**B**を加え、とろみを付ける。

ダマにならないよう、煮汁が沸いているところに少量ずつ回し入れます。

超カンタン

炊飯器ポトフ

加熱は炊飯器におまかせ！

材料｜2人分

鶏もも肉……小1枚（200g）
玉ねぎ……1/2個
にんじん……1/2本
キャベツ……小1/4個
A［水……2カップ
　 塩麹……大さじ1
　 洋風スープの素（顆粒）……大さじ1/2］
黒こしょう（好みで）、
　粒マスタード（好みで）……各適量

作り方｜調理時間10分（炊飯時間は除く）

1 – 鶏肉はひと口大、玉ねぎ、にんじんは鶏肉と同じくらいの大きさに切る。キャベツは芯ごとくし形切りにする。

2 – 炊飯器に玉ねぎ、キャベツ、にんじんを入れ、鶏肉をのせ、**A**を加え、早炊き炊飯にセットする。

3 – 器に盛り、好みで黒こしょうをかけ、粒マスタードを添える。

水分がなくなるまで加熱し続ける炊飯器もあるので、その場合は30～40分で終わらせます。

おつまみにも

牛肉と長いものトマト煮

長いもがほくほくおいしい、和風のトマト煮

材料｜2人分

牛切り落とし肉……150g
長いも……200g
玉ねぎ……1/2個
にんにく……1かけ
オリーブオイル……小さじ2
塩、こしょう……各少々
A［トマト缶（カット）……1/2缶（200g）
　 みそ……小さじ2］
ピザ用チーズ……30g
イタリアンパセリ……適量

作り方｜調理時間15分

1 – 長いもは1cm角、5cm長さの棒状に切る。玉ねぎはくし形切り、にんにくはみじん切りにする。

2 – 鍋にオリーブオイル、にんにくを入れて弱火で熱し、香りが立ったら牛肉、玉ねぎを炒めて塩をふる。牛肉の色が変わったら**A**、長いもを加え、ふたをして10分煮込む。塩、こしょうで味をととのえ、チーズをのせて余熱で溶かす。

3 – 器に盛り、ちぎったイタリアンパセリを散らす。

長いもは加熱しすぎると崩れてしまうので、最後の煮込むタイミングで加えます。

炊飯器ポトフのアレンジ

炊飯器トマトポトフ

手間いらずのトマト缶を使ってトマト味にします

「炊飯器ポトフ」の**A**の水2カップ→水1カップ、トマト缶（カット）1/2缶（200g）にし、同様に作る。

牛肉と長いものトマト煮のアレンジ

鶏肉と長いものトマト煮

安価な鶏肉にチェンジします

「牛肉と長いものトマト煮」の牛切り落とし肉150g→鶏もも肉1/2枚にする。鶏肉は食べやすい大きさに切り、同様に作る。

COLUMN

1

卵焼きバリエ

どこかほっとする、なつかしい味わいの卵焼き。
あと一品や、お弁当に大活躍します。

卵焼きの基本！
マヨネーズを加えて
ふっくらと

だし巻き卵

材料｜2人分

卵……2個

A
- 水……大さじ2
- 砂糖……小さじ2
- マヨネーズ……小さじ1
- しょうゆ……小さじ1/2
- 和風だし（顆粒）……小さじ1/4
- 塩……少々

サラダ油……適量

作り方｜調理時間 10分

1 ― ボウルに卵を割りほぐし、**A**を加えて混ぜ、卵液を作る。

2 ― 卵焼き器（幅15cm×長さ18cm）を少し弱めの中火で熱し、サラダ油少々を入れてペーパータオルで薄くのばし、**1**の1/2量を流し入れて軽く混ぜる。

3 ― 半熟状になったら手前に向かって巻き、巻いた卵を向こう側に送る。

4 ― フライパンの空いているところにサラダ油少々を入れてペーパータオルで薄くのばし、残りの**1**を流し入れる。巻いた卵を持ち上げて下に卵液を流し入れて軽く混ぜ、半熟状になったら手前に巻き込む。

5 ― 焼き上がったら巻きすやラップで形をととのえ、粗熱が取れたら6等分に切る。

2回巻き終わったらすべての面を数秒ずつ縁に押し付けて焼くと、形がきれいになります。

チーズに合わせて、
卵液には牛乳を
加えて洋風に

チーズの卵焼き

材料｜2人分

卵……2個

A
- 牛乳……大さじ1
- 塩、こしょう……各少々

スライスチーズ……1枚

サラダ油……適量

作り方｜調理時間 10分

基本はだし巻き卵と同様に作る。ただし、**3**で半熟状になったらスライスチーズをのせて巻く。

くるくるのりの卵焼き

材料｜2人分

卵……2個

A
- 水……小さじ2
- 白だし……小さじ1
- マヨネーズ……小さじ1/2

焼きのり……1/2枚

サラダ油……適量

作り方｜調理時間 10分

基本はだし巻き卵と同様に作る。ただし、**3**で半熟状になったら半分に切った焼きのりをのせて巻く。**4**でも同様に、半熟状になったら残りの焼きのりをのせて巻く。

2回に分けて
のりをのせると
断面がかわいい！

ねぎの卵焼き

ねぎたっぷり！
黄色＆緑色で
彩りもきれい

材料｜2人分

卵……2個

A
- 水……小さじ2
- 白だし……小さじ1
- マヨネーズ……小さじ1/2
- 青ねぎ（小口切り）……適量

サラダ油……適量

作り方｜調理時間 10分

だし巻き卵と同様に作る。

明太マヨの卵焼き

材料｜2人分

卵……2個

A
- 水……小さじ2
- 白だし……小さじ1
- マヨネーズ……小さじ1/2

B
- 明太子（薄皮から中身を出してほぐす）……1/2本
- マヨネーズ……小さじ1

サラダ油……適量

作り方｜調理時間 10分

基本はだし巻き卵と同様に作る。ただし、**3**で半熟状になったら混ぜ合わせた**B**を横に棒状にのせて巻く。

絶妙な塩気は
おつまみにも、
ご飯にも合う！

ベーコンとコーンの卵焼き

みんな大好きな
組み合わせ！
お弁当にぴったり

材料｜2人分

卵……2個

A
- スライスベーコン（小さく切る）……1枚
- ホールコーン缶（缶汁をきる）……大さじ2
- 牛乳……大さじ1
- 塩、こしょう……各少々

サラダ油……適量

作り方｜調理時間 10分

だし巻き卵と同様に作る。

酒の肴になる副菜

ご飯のおかずにも、酒の肴にもなる便利な副菜。
ワインやビールなどに合う洋風おつまみと
日本酒やレモンサワーなどに合う
和風おつまみを紹介します。

洋風おつまみ

さつまいもと
ブルーチーズの
グリル

作り方は *P36*

マッシュルームと
しらすのアヒージョ

作り方は *P36*

アンチョビブロッコリー
作り方は P37

スモークサーモンと玉ねぎのマリネ
作り方は P37

定番

マッシュルームとしらすのアヒージョ

バルで人気の定番タパスも意外に簡単！

材料｜2人分

マッシュルーム（ブラウン）
……8～10個
しらす干し……10g
オリーブオイル……1/4カップ
にんにく（みじん切り）……大1かけ
赤唐辛子（輪切り）……1本
塩……少々
イタリアンパセリ……適量

作り方｜調理時間 10 分

1 – マッシュルームは石づきを取り、大きければ半分に切る。
2 – 小さめの鍋にオリーブオイル、にんにく、赤唐辛子を入れて弱火にかけ、にんにくの香りが立ったら**1**、しらす干しを入れて3分煮る。
3 – 塩で味をととのえ、ちぎったイタリアンパセリを散らす。

残ったオイルはバゲットなどに付けて食べてもおいしいです。

マッシュルームとしらすのアヒージョのアレンジ

ブロッコリーとしらすのアヒージョ

緑色で存在感のあるブロッコリーもおすすめ

「マッシュルームとしらすのアヒージョ」のマッシュルーム（ブラウン）8～10個→ブロッコリー1/2株にする。ブロッコリーは小房に分けて、同様に作る。

こってり味

さつまいもとブルーチーズのグリル

さつまいもの甘さと
チーズの独特な香りがあとを引きます

材料｜2人分

さつまいも……1本（200g）
塩、粗びき黒こしょう……各少々
オリーブオイル……小さじ1
A ブルーチーズ……30g
　牛乳……大さじ1
　はちみつ……小さじ1

作り方｜調理時間 20 分

1 – さつまいもは1㎝厚さの輪切りにする。
2 – 天板に**1**を並べ、塩、オリーブオイルをかけてオーブントースター（1000W）で10～15分、竹串がすっと通るまで焼き、器に盛る。
3 – 耐熱容器に**A**を入れ、ラップをふんわりかけて電子レンジ（600W）で1分加熱してよく混ぜ、**2**にかける。粗びき黒こしょうをふる。

ブルーチーズは今回は、ゴルゴンゾーラを使用しています。

さつまいもとブルーチーズのグリルのアレンジ

じゃがいもとブルーチーズのグリル

さつまいもをじゃがいもに替えて甘さ控えめに

「さつまいもとブルーチーズのグリル」のさつまいも1本（200g）→じゃがいも2個にする。じゃがいもは皮付きのまま1㎝厚さの輪切りにし、同様に作る。

おもてなしにも

スモークサーモンと玉ねぎのマリネ

すっきりした味わいは白ワインとペアリング

材料｜2人分

スモークサーモン……50g
玉ねぎ……1/2個
ディル……1～2枚
A
- パセリ（みじん切り）……大さじ1
- オリーブオイル、白ワインビネガー……各小さじ2
- 砂糖……小さじ1/2
- 塩、こしょう……各少々

作り方｜調理時間 10 分

1 – 玉ねぎは薄切りにして水に5分さらし、辛味が抜けたら水気をよくしぼる。ディルは手でちぎる。
2 – ボウルにAを入れて混ぜ合わせ、1、ちぎったスモークサーモンをあえる。

白ワインビネガーがない場合は酢でOKです。

超カンタン

アンチョビブロッコリー

ブロッコリーにアンチョビのうま味と
塩気がたっぷり！

材料｜2人分

ブロッコリー……1/2株
A
- にんにく（みじん切り）……1かけ
- アンチョビフィレ（刻む）……2枚

オリーブオイル……大さじ1
塩……少々
粉チーズ……適量

作り方｜調理時間 15 分

1 – ブロッコリーは小房に分ける。
2 – 鍋に湯を沸かし、塩少々（分量外）を入れ、1をさっとゆでてザルに上げ、水気をきる。
3 – フライパンにオリーブオイル、Aを入れて弱火にかけ、香りが立ったら2を入れ、塩をふって炒める。
4 – 器に盛り、粉チーズをかける。

ブロッコリーがやわらかくなるまで炒めると、にんにくやアンチョビの味がしみて美味。

アンチョビブロッコリーのアレンジ

桜えびブロッコリー

アンチョビを桜えびに替えると
子どもが食べやすくなります

「アンチョビブロッコリー」のAのアンチョビフィレ（刻む）2枚→桜えび（乾燥）大さじ1にし、同様に作る。

ミニトマトと
チーズの
ブルスケッタ
たことオリーブの
ピンチョス

おもてなしにも

ミニトマトとチーズのブルスケッタ

さわやかな酸味とコクの両方が味わえます

材料｜2人分

ミニトマト……8個
プロセスチーズ……2個（30g）
A オリーブオイル……小さじ2
　にんにく（すりおろし）、
　　塩、こしょう……各少々
バゲット……1/2本
バジル……3枚

作り方｜調理時間 10分

1 ミニトマトは四つ割りにする。チーズは小さめのサイコロ状に切る。
2 ボウルに**A**を入れて混ぜ合わせ、**1**をあえる。
3 バゲットは1cm厚さに切り、オリーブオイル適量（分量外）を塗り、オーブントースター（1000W）で4分、カリッと焼く。
4 **3**に**2**をのせ、ちぎったバジルを散らす。

プロセスチーズはモッツァレラチーズやクリームチーズでもOKです。

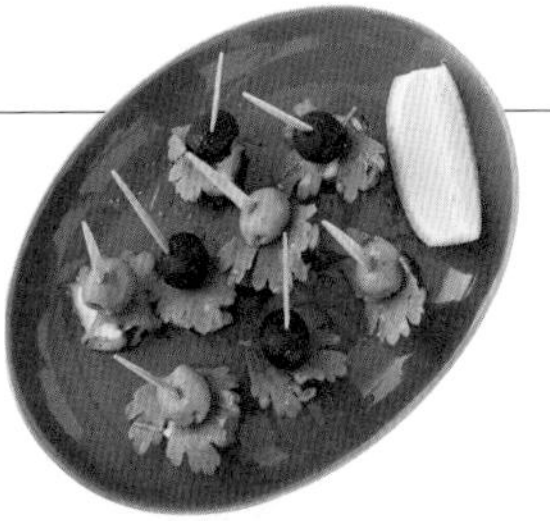

超スピード

たことオリーブのピンチョス

楊枝などを刺すだけで、おしゃれなおつまみに！

材料｜2人分

ゆでだこの足……50g
オリーブ（ブラック、グリーン・種なし）
　……各4個
イタリアンパセリ……適量
オリーブオイル……小さじ1
黒こしょう……少々
レモン（くし形切り）……1切れ

作り方｜調理時間 5分

1 たこは8等分に切る。
2 楊枝などに**1**、ちぎったイタリアンパセリ、オリーブを順に刺して器に並べる。
3 オリーブオイルをかけ、黒こしょうをふり、レモンを添える。

ブラック、グリーンどちらかでも構いませんが、両方使うと華やかです。

和風おつまみ

アボカドとささみのユッケ

作り方は P42

いかオクラ納豆

作り方は P42

キムチーズやっこ

作り方は P43

もやしのザーサイピリ辛マヨあえ

作り方は P43

超スピード

いかオクラ納豆

ごま油が隠し味！ ねばねばおつまみの代表格

材料｜2人分

いか（刺身用）……50g
オクラ……6本
納豆……1パック
ごま油……小さじ1/2
白いりごま……少々

作り方｜調理時間 5 分

1 – いかは格子状に切り込みを入れ、5㎜幅の細切りにする。
2 – オクラはへたを取り、塩少々（分量外）で板ずりする。鍋に湯を沸かし、板ずりしたオクラをそのまま1～2分ゆでて冷水に取り、8㎜厚さの輪切りにする。
3 – 器に納豆、付属のタレ、付属のからしを入れて混ぜ、**1**、**2**、ごま油を加えて混ぜ、白いりごまをふる。

いかそうめんとしてカットされているものを使ってもOKです。

いかオクラ納豆のアレンジ

まぐろオクラ納豆

血液さらさら効果が期待できるまぐろにしても◎

「いかオクラ納豆」のいか（刺身用）50g→まぐろ（刺身用・さく）50gにする。まぐろは1㎝角に切り、同様に作る。

レンチン

アボカドとささみのユッケ

しょうゆ＋コチュジャンは万能調味料！

材料｜2人分

アボカド……1個
鶏ささみ……1本（50g）
A［酒……小さじ1
　塩……少々
B［しょうゆ、コチュジャン……各小さじ1/2
　にんにく（すりおろし）……少々

作り方｜調理時間 10 分

1 – アボカドは食べやすい大きさに切る。鶏ささみは全体をフォークで刺し、耐熱容器に入れて**A**をふり、ラップをふんわりかけて電子レンジ（600W）で2分加熱し、粗熱が取れたらほぐす。
2 – ボウルに**B**を入れて混ぜ合わせ、**1**をあえる。

鶏ささみはほぐす際、筋があれば取り除きましょう。

アボカドとささみのユッケのアレンジ

アボカドとサラダチキンのユッケ

サラダチキンはストックしておくと重宝する時短食材！

「アボカドとささみのユッケ」の鶏ささみ1本（50g）→サラダチキン50gにし、**A**は入れない。サラダチキンは電子レンジで加熱せずにそのままほぐし、同様に作る。

さっぱり味

もやしのザーサイ
ピリ辛マヨあえ

もやしと余りがちのザーサイで一品！

材料｜2人分

もやし……1袋（200g）
ザーサイ……50g
A
- マヨネーズ……大さじ2
- ポン酢しょうゆ……大さじ1
- 一味唐辛子……適量

作り方｜調理時間 **5** 分

1 – もやしは耐熱容器に入れ、ラップをふんわりかけて電子レンジ（600W）で2〜3分加熱し、水気をきる。ザーサイは食べやすい大きさに切る。

2 – ボウルに**A**を入れて混ぜ合わせ、**1**をあえる。

かたまりの場合も食べやすく切って。キッチンバサミで切れます。

こってり味

キムチーズやっこ

レンチンで簡単に作れる
おつまみ温やっこ

材料｜2人分

豆腐（絹ごし）……1/2丁（150g）
白菜キムチ……40g
ピザ用チーズ……30g
青ねぎ（小口切り）……適量

作り方｜調理時間 **10** 分（豆腐の水きり時間は除く）

1 – 豆腐はペーパータオル2枚で包んで15分おいて水きりし、食べやすい大きさに切る。キムチは大きければ食べやすい大きさに切る。

2 – 耐熱容器に豆腐をのせて、キムチ、チーズをのせて、ラップをせずに電子レンジ（600W）で2分加熱する。青ねぎを散らす。

とろけるタイプのスライスチーズでもOKです。

クリームチーズの
おかかあえ
ザーサイ
鶏ねぎあえ

超スピード

クリームチーズのおかかあえ

おしゃれな居酒屋メニューが 5 分でできちゃう

材料｜2人分

クリームチーズ（固形タイプ）……80g

A
- 削り節……1袋（1g）
- しょうゆ……小さじ1
- 粗びき黒こしょう……少々

作り方｜調理時間 **5** 分

1 チーズは1cm角に切る。
2 ボウルに**A**を入れて混ぜ合わせ、**1**をあえる。

チーズはごろごろ感が残るよう、つぶさないように混ぜましょう。

さっぱり味

ザーサイ鶏ねぎあえ

ごま油が香る、食感の楽しいおつまみ

材料｜2人分

長ねぎ……1本
サラダチキン……80g
ザーサイ……50g

A
- ごま油……小さじ2
- 酢、白すりごま……各小さじ1
- 鶏がらスープの素（顆粒）……小さじ1/2

こしょう……少々

作り方｜調理時間 **5** 分

1 長ねぎは斜め薄切りにして水にさっとさらし、辛味が抜けたら水気をよくきる。サラダチキンはほぐす。ザーサイは食べやすい大きさに切る。
2 ボウルに**A**を入れて混ぜ合わせ、**1**をあえる。
3 器に盛り、こしょうをふる。

サラダチキンがない場合は鶏ささみや鶏胸肉を加熱し、ほぐしたものでもOKです。

SPECIAL COLUMN

世界の味を楽しめる副菜

いろいろな国の味を、身近な材料で作ってみました。
いつもと違った味わいは新鮮です！

夏野菜たっぷりの

南仏・ニースの郷土料理

ラタトゥイユ

フランス

おもてなしにも

材料｜作りやすい分量

パプリカ（赤・黄）、玉ねぎ ……… 各1/2個
なす、ズッキーニ ……… 各1本
オリーブオイル ……… 大さじ1
塩、こしょう ……… 各少々
A
- トマト缶（カット） ……… 1/2缶（200g）
- にんにく（すりおろし）、砂糖 ……… 各小さじ1
- ローリエ（あれば） ……… 1枚

作り方｜調理時間 20分

1 – パプリカは乱切り、玉ねぎはくし形切り、なす、ズッキーニは1cm厚さの輪切りにする。

2 – 鍋にオリーブオイルを中火で熱し、1を炒める。塩、こしょうをふり、玉ねぎが透明になってきたらAを加えて混ぜ、ふたをして弱火で5〜10分煮る。

3 – ふたを取り、中火で汁気を飛ばしながら煮詰める。

くたくたになるまで煮込むと、野菜の甘みやうま味がしっかり引き出されておいしいです。

バーニャカウダ

イタリア

おつまみにも

材料｜2人分

にんにく……2～3かけ
牛乳、好みの野菜（セロリ、パプリカ、
　ラディッシュ、きゅうりなど）……各適量
アンチョビフィレ（刻む）……3枚
オリーブオイル……大さじ3

作り方｜調理時間 **15** 分

1 – にんにくは縦半分に切り、芽を取って鍋に入れ、ひたひたの牛乳を加えて火にかけ、弱火で煮る。やわらかくなったらにんにくを取り出して、つぶす。

2 – 鍋の牛乳を除いてさっと洗い、オリーブオイル、**1**、アンチョビを入れて火にかけ、温める。器に注ぎ、食べやすい大きさに切った野菜を添える。

にんにくを牛乳で煮ることで、刺激の強い臭みを取って風味を残します。

ニース風サラダ

フランス

おもてなしにも

材料｜2人分

じゃがいも、ゆで卵……各1個
ツナ缶（水煮）……1缶（80g）
トマト……1/2個
オリーブ（ブラック・種なし）……5個
グリーンリーフ、ベビーリーフ……各適量
A ┌ アンチョビフィレ（刻む）……2枚
　│ オリーブオイル……大さじ1
　│ レモン汁……大さじ1/2
　│ マスタード……小さじ1
　└ 塩、こしょう……各少々

作り方｜調理時間 **15** 分

1 – じゃがいもは洗ってラップに包み、電子レンジ（600W）で2分、串がすっと通るまで加熱し、粗熱が取れたら皮をむき、7㎜厚さの半月切りにする。ゆで卵、トマトはくし形切り、オリーブは輪切りにする。ツナは缶汁をきる。

2 – 器にグリーンリーフ、ベビーリーフ、**1**を盛り、混ぜ合わせた**A**をかける。

オリーブ、アンチョビを入れることで本格的な味になります。

ドイツ

ザワークラウト

ドイツの漬け物。
ソーセージに添えるのが本場流

レンチン

材料｜作りやすい分量

キャベツ……1/4個（300g）
ローリエ……1枚
白ワイン……大さじ2
A
- 酢……大さじ2
- 砂糖……大さじ1
- 塩……小さじ1/2

作り方｜調理時間10分（冷やす時間は除く）

1－キャベツは1㎝幅に切り、耐熱容器に入れる。ローリエ、白ワインを加え、ラップをふんわりかけて電子レンジ（600W）で3分加熱する。

2－Aを加えて混ぜ、冷蔵庫で30分以上冷やす。

本来は乳酸発酵させて作るザワークラウトを、酢であえることで手軽に再現できます。

スペイン

パンコントマテ

おつまみにも

材料｜2人分

バゲット……1/2本
にんにく……大1かけ
トマト……小1個
オリーブオイル……適量
塩、こしょう……各少々

作り方｜調理時間10分

1－バゲットは1㎝厚さに切り、オーブントースター（1000W）で4分、カリッと焼く。

2－にんにくは縦半分に切って芽を取り、切り口をパンの片面にすり込むように付ける。トマトは横半分に切り、同様にする。

3－2のパンにオリーブオイルをふり、塩、こしょうをふる。

トマトは甘みが強く、果肉のやわらかいミディトマトがおすすめです。

パンにトマトをすり込んだ
カタルーニャ地方の家庭料理

ロミロミサーモン

ハワイ

トマトとサーモンを使った、**ハワイで人気のサラダ**

おもてなしにも

材料｜2人分

スモークサーモン……100g
きゅうり……1/4本
トマト……1/4個
紫玉ねぎ……1/8個
A［レモン汁、オリーブオイル……各小さじ2
　チリパウダー、塩、こしょう……各少々］

作り方｜調理時間 10分

1– スモークサーモン、きゅうりは1cm角、トマトは種を取って1cm角に切る。紫玉ねぎはみじん切りにして水に5分さらし、辛味が抜けたら水気をしぼる。
2– ボウルにAを入れて混ぜ合わせ、1をあえる。

> ロミロミとはハワイの言葉で「もむ」という意味。もみ込むことで具材の味がよくなじみます。

ミックスビーンズのチリコンカン

アメリカ

パンやご飯にのせたり、パスタにかけてもおいしい！

作りおきにも

材料｜作りやすい分量

合いびき肉……150g
玉ねぎ……1/2個
にんにく……1かけ
オリーブオイル……大さじ1
赤唐辛子（輪切り）……1本
A［トマト缶（カット）……1/2缶（200g）
　ミックスビーンズ缶……1缶（120g）
　水……1/2カップ
　トマトケチャップ……大さじ2
　チリパウダー……大さじ1
　塩、こしょう……各少々
　ローリエ（あれば）……1枚］

作り方｜調理時間 20分

1– 玉ねぎ、にんにくはみじん切りにする。
2– 鍋にオリーブオイル、にんにく、赤唐辛子を入れて中火で熱し、香りが立ってきたらひき肉、玉ねぎを炒める。
3– ひき肉の色が変わり、玉ねぎがしんなりしたらAを加え、ときどき混ぜながら弱火で汁気がなくなるまで煮詰める。

> チリパウダーは唐辛子ベースのミックススパイスで、複雑な風味をもっています。

まぐろとアボカドのポキ

ハワイ

こってり味

材料｜2人分

- まぐろ（刺身用・さく）……150g
- アボカド……1/2個
- 玉ねぎ……1/4個
- A
  - しょうゆ……大さじ2
  - ごま油……小さじ2
  - 砂糖、にんにく（すりおろし）……各少々
  - 白いりごま……適量
- 青ねぎ（小口切り）……適量

作り方｜調理時間 15分

1. まぐろ、アボカドは1.5㎝角に切る。玉ねぎは薄切りにして水にさらし、辛味が抜けたら水気をきる。
2. ボウルにAを入れて混ぜ合わせ、まぐろを10分漬ける。玉ねぎ、アボカドを加えて混ぜる。
3. 器に盛り、青ねぎを散らす。

ポキとはハワイ語で「魚を小さく切る」の意味。まぐろのほか、サーモンやたこでも。

しょうゆとごま油の
甘辛い味が
本場流

ペルーの名物料理、
魚介を使った
おしゃれなマリネ

ペルー

たことえびの セビーチェ

さっぱり味

材料｜2人分

ゆでだこの足……80g
冷凍むきえび……6尾
きゅうり……1/2本
トマト……1/2個
紫玉ねぎ……1/8個
A ┌ オリーブオイル……大さじ1
　│ レモン汁……小さじ2
　└ 塩、こしょう……各少々
パクチー（2㎝幅に切る）……適量
ライム（くし形切り）……1/2個

作り方｜調理時間 15分

1 – たこは1㎝厚さ、きゅうりは1㎝角、トマトは種を除いて1㎝角に切る。紫玉ねぎはみじん切りにする。

2 – えびは水に3～5分浸けて表面の氷を取り、鍋に湯を沸かし、塩少々（分量外）を入れて2～5分ゆでてザルに上げ、粗熱を取る。

3 – ボウルにAを入れて混ぜ合わせ、**1**、**2**をあえる。

4 – 器に盛り、パクチーをのせ、ライムを添える。

ライムがなければレモンでもOKです。

メキシコ

ワカモレ

混ぜるだけで
作れる
ディップソース

おつまみにも

材料｜2人分

アボカド……大1個
玉ねぎ……1/8個
トマト……1/4個
A ┌ パクチー（みじん切り）……適量
　└ 塩、こしょう……各少々
ライム（なければレモン）……1/2個
チリペッパー……少々
トルティーヤチップ……適量

作り方｜調理時間 10分

1 – 玉ねぎはみじん切りにする。トマトは種を取って5㎜角に切る。

2 – ボウルにアボカドを入れてフォークなどで粗くつぶし、**1**、**A**を加え、ライムをしぼって混ぜる。

3 – 器に盛り、チリペッパーをふり、トルティーヤチップを添える。

トルティーヤチップがなければバゲットやクラッカーなどでOKです。

インドの定番の
軽食を身近な材料で簡単アレンジ！

インド

餃子の皮でサモサ

おつまみにも

材料｜2人分

- 餃子の皮（大判）……8～10枚
- 豚ひき肉……100g
- じゃがいも……1個
- 玉ねぎ……1/4個
- 塩、サラダ油……各適量
- カレー粉……小さじ2

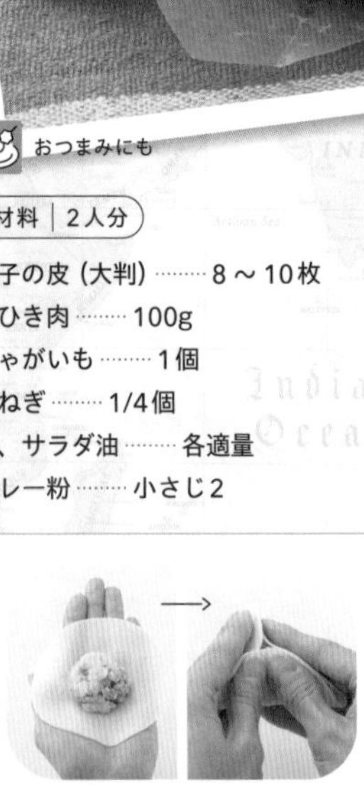

餃子の皮にタネをのせたら、親指と人さし指でつまむようにして三角に成形します。

作り方｜調理時間20分

1－じゃがいもは皮をむいて乱切りにし、さっと水にくぐらせて耐熱容器に入れ、ラップをふんわりかけて電子レンジ（600W）で2～3分加熱し、つぶす。

2－玉ねぎはみじん切りにする。フライパンを熱し、ひき肉、玉ねぎを炒める。塩、カレー粉をふり、**1**に加えて混ぜる。粗熱が取れたら餃子の皮で包む。

3－別のフライパンにサラダ油を1㎝深さくらいに入れて熱し、**2**を揚げ焼きにする。

おつまみにも

キムチーズチヂミ

韓国

材料｜2人分

にら……1/2把
白菜キムチ……40g
A
- 薄力粉……50g
- 水……1/4カップ
- ピザ用チーズ……30g

ごま油……適量
B
- しょうゆ、酢……各大さじ1
- 砂糖、コチュジャン、白いりごま……各小さじ1

作り方｜調理時間15分

1 ― にらは4cm長さに切る。キムチは大きければ食べやすい大きさに切る。
2 ― ボウルに**A**、**1**を入れて混ぜる。
3 ― フライパンにごま油を熱し、**2**を流し入れて焼く。両面こんがり焼けたら、食べやすく切って器に盛り、混ぜ合わせた**B**を添える。

日本のお好み焼きと異なり、薄く広げて焼くのがチヂミの特徴です。

ピリ辛ダレで！
カリ＆モチ食感の
韓国風お好み焼き

酸っぱくて辛い！
タイ風春雨サラダ

おもてなしにも

タイ

ヤムウンセン

材料｜2人分

冷凍むきえび……大6尾
豚ひき肉……50g
春雨……20g
セロリ……1/2本
にんじん……1/6個
紫玉ねぎ……1/8個
パクチー……適量
A
ナンプラー、レモン汁……各小さじ2
砂糖……小さじ2/3
赤唐辛子（輪切り）……1本
にんにく（すりおろし）……少々

作り方｜調理時間 **20** 分

1 – えびは水に3～5分浸けて、表面の氷を取る。セロリはピーラーで筋を除いて斜め薄切り、にんじんは千切りにする。紫玉ねぎは薄切りにして水に5分さらし、辛味が抜けたら水気をよくきる。パクチーは4cm長さに切る。

2 – 鍋に湯を沸かし、春雨、ひき肉、えびの順にゆでる。アクを取り除き、ザルに上げて冷水にさっとさらし、水気をよくきる。

3 – ボウルにAを入れて混ぜ合わせ、**1**、**2**をあえる。

順に入れ、最後はすべて同時にザルに上げると手間が省けます。

暑い国ならではの
さっぱりサラダ。
サニーレタスで
包んで召し上がれ！

さっぱり味

タイ

タイ風ひき肉のサラダ

材料｜2人分

鶏ひき肉……80g
紫玉ねぎ……1/2個
にんにく……1～2かけ
サラダ油……小さじ2
赤唐辛子（輪切り）……1本
A
ナンプラー……小さじ2
砂糖……小さじ1
青ねぎ（小口切り）……2本
パクチー……2～3株
ミント……1/2パック
サニーレタス……2～3枚
ライム……1/4個

作り方｜調理時間 **15** 分

1 – 紫玉ねぎは薄切りにして水に5分さらし、辛味が抜けたら水気をよくきる。にんにくはみじん切りにする。

2 – フライパンにサラダ油を熱し、にんにく、赤唐辛子、ひき肉を炒める。ひき肉に火が通ったらAを加えて炒め合わせ、耐熱ボウルに移す。

3 – **2**に紫玉ねぎ、青ねぎ、細かくちぎったパクチー、ミントを加えて混ぜる。

4 – 器に盛り、サニーレタス、ライムを添える。

ほかにもバジルや大葉など香りの強い野菜やハーブが合います。

もちっとした
ライスペーパーで
具材を包んだ
ベトナムの人気料理

ベトナム

生春巻き

おもてなしにも

材料｜2人分

ライスペーパー……2枚
冷凍むきえび……6尾
鶏ささみ……1本（50g）
A［酒……小さじ1
　 塩……少々
きゅうり……1/2本
にんじん……1/4本
大葉……4枚
レタス、パクチー、
　スイートチリソース……各適量

ライスペーパーは濡らしすぎたり、時間がたつと破れやすくなるので手早く巻きましょう。

作り方｜調理時間**20**分

1－鶏ささみは全体をフォークで刺し、耐熱容器に入れて**A**をふり、ラップをふんわりかけて電子レンジ（600W）で2分加熱し、粗熱が取れたらほぐす。

2－えびは水に3～5分浸けて表面の氷を取り、鍋に湯を沸かし、塩少々（分量外）を入れて2～5分ゆでてザルに上げ、粗熱を取る。きゅうり、にんじんは千切りにする。レタス、パクチーは食べやすい大きさに切る。

3－ライスペーパーを軽く濡らして、えび、大葉、レタス、きゅうり、にんじん、パクチー、**1**の順にのせて巻く。器に盛り、スイートチリソースを添える。

作りおき副菜

週末など時間のあるときに
まとめて作っておけば、忙しいときの
食事作りがとってもラクチン！
時短と栄養バランスを
両立したい人におすすめです。

定番

中華春雨サラダ

甘みと酸味のバランスがいい！
つるつる食べられます

保存期間
2〜3日

材料｜作りやすい分量

春雨……40g
きゅうり……1/2本
にんじん……1/3本
スライスハム……3枚
A ┌ 酢、砂糖、しょうゆ、白いりごま……各大さじ1
　└ ごま油……小さじ1

作り方｜調理時間 **10**分（戻す時間は除く）

1 - 春雨は熱湯に3分浸けて戻し、冷水にさっとさらして水気をよくきり、食べやすい長さに切る。きゅうり、にんじん、ハムは千切りにする。

2 - 保存容器に**A**を入れて混ぜ合わせ、**1**をよくあえる。

すべて同じ細さ、長さの千切りにすると、見た目も味もまとまります。

中華春雨サラダのアレンジ

春雨マヨサラダ

定番の中華サラダをマヨ風味に味変！

「中華春雨サラダ」の**A**をマヨネーズ大さじ2、酢、砂糖、しょうゆ各小さじ1にし、同様に作る。

保存期間 4~5日

さっぱり味

アスパラのエスニック漬け

ナンプラーのうま味が効いたさっぱりマリネ

材料｜作りやすい分量

アスパラガス……5～6本
サラダ油……小さじ1/2

A
- 酢……小さじ2
- ナンプラー、レモン汁、砂糖……各小さじ1
- にんにく（すりおろし）……小さじ1/4
- 赤唐辛子（輪切り）……1本

作り方｜調理時間10分（冷やす時間は除く）

1 アスパラガスはピーラーで根元に近い部分のかたい皮をむき、4cm長さに切る。

2 フライパンにサラダ油を熱し、**1**を焼く。

3 保存容器に**A**を入れて混ぜ合わせ、**2**を浸し、冷蔵庫で30分以上冷やす。

こんがり焼いてからマリネにすることで、味なじみがよくなります。

アスパラのエスニック漬けのアレンジ

オクラのエスニック漬け

オクラだけでなく
お好みの焼き野菜でアレンジも可能！

「アスパラのエスニック漬け」のアスパラガス5～6本→オクラ10本にし、塩少々を加える。オクラはへたを取り、塩で板ずりし、同様に作る。

超カンタン

きゅうりのぽりぽり漬け

ぽりぽりぽりぽり……。箸が止まりません！

材料｜作りやすい分量

きゅうり……3本
塩……少々
A
- 赤唐辛子（輪切り）……2本
- しょうゆ、酢……各小さじ4
- 砂糖……小さじ2

作り方｜調理時間 15分（冷やす時間は除く）

1 − きゅうりはところどころ皮をむき、1㎝厚さの輪切りにして塩をふってもみ10分おく。しんなりしたら水気をよくしぼる。

2 − 保存容器に**1**、**A**を入れて混ぜ、冷蔵庫で1時間以上冷やす。

ピーラーで縞模様になるように縦に皮をむいて。味がよくしみます。

定番

きのこのシンプルマリネ

白ワインビネガーで洋風に仕上げます

材料｜作りやすい分量

しめじ……1袋（100g）
エリンギ……2本
マッシュルーム（ブラウン）……1パック（100g）
にんにく……2かけ
オリーブオイル……大さじ1
塩、こしょう……各少々
A
- 白ワインビネガー……大さじ3
- 砂糖……大さじ1

パセリ（みじん切り）……適量

作り方｜調理時間 15分

1 − しめじは石づきを取ってほぐす。エリンギは縦半分に切って斜め薄切りにする。マッシュルームは石づきを取って半分に切る。にんにくはみじん切りにする。

2 − フライパンにオリーブオイル、にんにくを弱火で熱し、香りが立ってきたらしめじ、エリンギ、マッシュルームを炒める。塩、こしょうをしてしんなりしたら保存容器に入れ、**A**を加えて混ぜ、パセリを散らす。

きのこは好みのものを使ってください。

保存期間
4~5
日

定番

切り干し大根煮

やさしいだしの味がしみた煮物の定番

材料｜作りやすい分量

切り干し大根（乾燥）……50g
にんじん……1本
油揚げ……2枚
A ┌ だし汁……2カップ
　│ しょうゆ、みりん、酒
　└ ……各大さじ2

落としぶたをして煮ることで、味のムラを防ぎます。

作り方｜調理時間 15分（戻す時間は除く）

1－切り干し大根は洗って水に10分浸けて戻し、水気をしぼって食べやすい長さに切る。にんじんは細切りにする。油揚げは熱湯をかけて油抜きし、ペーパータオルでふいて7～8mm幅の短冊切りにする。

2－フライパンに**A**を入れて煮立て、**1**を入れて落としぶたをして10分煮る。ふたを取って、ときどき混ぜながら煮汁が少なくなるまで煮る。

切り干し大根煮のアレンジ

ちくわ入り切り干し大根煮

油揚げをちくわに替えて、うま味をプラス

「切り干し大根煮」の油揚げ2枚→ちくわ3本にする。ちくわは8mm厚さの輪切りにし、同様に作る。

お弁当にも

さつまいものレモン煮

レモンが香る、やさしい甘さの箸休め

材料｜作りやすい分量

さつまいも……1本
レモン（国産・ノーワックス）……1個
砂糖……大さじ1
塩……少々

作り方｜調理時間10分

1 – さつまいもは皮付きのまま食べやすい大きさに切って、水にさらす。レモンは薄い輪切りにする。
2 – 小鍋にさつまいも、ひたひたの水を入れて中火にかけ、煮立ったら砂糖を加える。落としぶたをして弱火で煮る。
3 – さつまいもがやわらかくなったらレモン、塩を加えて3分煮る。

レモンの皮のえぐみが出てしまうので、煮すぎないように注意。

さっぱり味

セロリの浅漬け

さわやかな香りとシャキシャキ食感を楽しんで

材料｜作りやすい分量

セロリ（葉ごと）……1本
A
- 酢……小さじ1
- 砂糖……小さじ1/2
- 和風だし（顆粒）、塩……各小さじ1/4
- 赤唐辛子（輪切り）……1本

作り方｜調理時間5分（冷やす時間は除く）

1 – セロリはピーラーで筋を取って8mm厚さの斜め切りにし、葉は食べやすい大きさに切る。
2 – 保存容器に**1**、**A**を入れて混ぜ、冷蔵庫で1時間以上冷やす。

葉はすべて使わなくてもOK。時間をおくとしんなりして食べやすくなります。

超カンタン

梅おかかキャベツ

キャベツと梅肉と削り節を
あえるだけで作れちゃう

材料｜作りやすい分量

キャベツ……1/4個(300g)

A［梅肉……小さじ2～3
　 削り節……1袋（1g）

作り方｜調理時間 **5** 分

1 – キャベツはざく切りにして耐熱容器に入れて、ラップをふんわりかけて電子レンジ（600W）で4分加熱し、水気をきる。

2 – **1**に**A**を加えて混ぜる。

梅肉はチューブでも梅干しの種を除いて果肉をたたいてもOK。ただし、塩分が異なるので分量は調整を。

さっぱり味

キャベツとくらげの中華あえ

キャベツでかさ増ししてボリュームのある一品に

材料｜作りやすい分量

キャベツ……1/3個（400g）

味付き中華くらげ……200g

A［酢、ごま油……各小さじ2
　 鶏がらスープの素（顆粒）……小さじ1

作り方｜調理時間 **10** 分

1 – キャベツはざく切りにし、鍋に湯を沸かし、さっとゆでてザルに上げ、水気をよくきる。

2 – 保存容器に**A**を入れて混ぜ合わせ、**1**、中華くらげをあえる。

味付き中華くらげはそのまま食べられる便利な食材です。

キャベツとくらげの中華あえのアレンジ

もやしとくらげの中華あえ

家計にやさしいもやしでも作れます

「キャベツとくらげの中華あえ」のキャベツ1/3個（400g）→もやし1袋（200g）にする。もやしは鍋に湯を沸かしてさっとゆで、同様に作る。

さっぱり味

ミニトマトの白だし漬け

湯むきのひと手間でぐっと上品な味わいに

材料｜作りやすい分量

ミニトマト……10個

A［水……1/2カップ
　 白だし……大さじ1

作り方｜調理時間10分（冷やす時間は除く）

1 – ミニトマトはへたを除き、小さく切り込みを入れ、熱湯にさっとくぐらせ、氷水に入れて皮をむく。

2 – 保存容器にAを入れて混ぜ合わせ、1を漬ける。冷蔵庫で1時間以上冷やす。

皮を湯むきすることで口当たりがよく、味しみもよくなります。

保存期間 4~5日

保存期間 4~5日

お弁当にも

ごまたっぷりたたきごぼう

甘めのあえ衣をよくからませてどうぞ

材料｜作りやすい分量

ごぼう……1本（200g）

A［白すりごま……大さじ2
　 しょうゆ……大さじ1
　 酢、砂糖……各小さじ2

作り方｜調理時間15分

1 – ごぼうは皮をこそげて4cm長さに切り、ポリ袋に入れて麺棒でたたく。

2 – 鍋に1、酢水（分量外）を入れて火にかけ、10分ゆでる。やわらかくなったらザルに上げ、水気をよくきる。

3 – 保存容器にAを入れて混ぜ合わせ、2を熱いうちにあえる。

たたくことでごぼうの繊維がほぐれ、火の通りが早くなり、味のからみもよくなります。

お弁当にも

ほうれん草と にんじんのナムル

濃いめの味付けで時間がたってもおいしい！

材料｜作りやすい分量

ほうれん草……1把（200g）
にんじん……1/2本（100g）
もやし……1袋（200g）
A
- 酢……小さじ4
- しょうゆ、鶏がらスープの素（顆粒）、白すりごま、ごま油……各小さじ2
- にんにく（すりおろし）……小さじ2/3

作り方｜調理時間 15分（冷やす時間は除く）

1 ほうれん草は5cm長さに切る。にんじんは5cm長さの細切りにする。
2 耐熱容器に**1**、もやしを入れて、ラップをふんわりかけて電子レンジ（600W）で4～5分加熱し、水気をきる。
3 保存容器に**A**を入れて混ぜ合わせ、**2**をあえる。粗熱が取れたら冷蔵庫で1時間以上冷やす。

野菜の水気をしっかりきっておくことが、作りおきでも味が薄まらないポイントです。

保存期間 2~3日

おつまみにも

ひじきと枝豆と コーンのサラダ

乾物と冷凍野菜で作るデリ風サラダ

材料｜作りやすい分量

乾燥ひじき……大さじ3（9g）
冷凍枝豆（さやなし）……50g
冷凍コーン……30g
A
- レモン汁……大さじ1
- オリーブオイル、砂糖……各小さじ1
- 塩、黒こしょう……各少々

作り方｜調理時間 10分（戻す時間は除く）

1 ひじきは水に10～20分浸けて戻し、よく洗って水気をしぼる。枝豆、コーンは合わせて耐熱容器に入れ、ラップをふんわりかけて電子レンジ（600W）で2分加熱する。
2 保存容器に**A**を入れて混ぜ合わせ、**1**をあえる。

ひじきは数回に分けて洗い、ペーパータオルで包んで水気をしっかりしぼりましょう。

保存期間 4~5日

保存期間
4~5
日

さっぱり味

ラディッシュの
レモンピクルス

鮮やかなピンク色が食卓を華やかに!

材料 | 作りやすい分量

ラディッシュ……15～20個
レモン(国産・ノーワックス)……1個
A
- 酢……大さじ3
- はちみつ……大さじ1と1/2
- 塩……小さじ1/2

作り方 | 調理時間**5**分(冷やす時間は除く)

1– ラディッシュは縦半分に切る。レモンは薄いいちょう切りにする。
2– 保存容器に**A**を入れて混ぜ合わせ、**1**を漬ける。冷蔵庫で1時間以上冷やす。

長時間漬けておくと、白い部分も赤く染まります。サラダなどの彩りにおすすめです。

保存期間
4~5
日

さっぱり味

みょうがの酢漬け

食欲の出ない暑い時期にぴったりの常備菜

材料 | 作りやすい分量

みょうが……3個
A
- 酢……大さじ2
- 砂糖……小さじ2
- 塩……ふたつまみ

作り方 | 調理時間**10**分(冷やす時間は除く)

1– みょうがは根元を切り落として縦半分に切る。鍋に湯を沸かし、10秒ゆでてザルに上げ、水気をよくきる。
2– 保存容器に**A**を入れて混ぜ合わせ、**1**を漬ける。冷蔵庫でひと晩以上冷やす。

みょうがはさっと湯通しすることで色が鮮やかになり、調味料もしみやすくなります。

保存期間
4~5日

さっぱり味

大根の梅マリネ

梅のほのかな酸味が大根の甘みを引き出します

材料｜作りやすい分量

大根……1/4本（250g）
塩……ふたつまみ
A
- 梅肉、酢……各大さじ1
- オリーブオイル……小さじ2
- はちみつ……小さじ1

作り方｜調理時間15分（冷やす時間は除く）

1－大根は1cm厚さ、5cm長さの拍子木切りにし、塩をふって10分おき、水気をきる。

2－保存容器にAを入れて混ぜ合わせ、1をあえる。冷蔵庫で1時間以上冷やす。

塩をふって水分を出すことで味なじみがよくなり、水っぽくなるのを防げます。

大根の梅マリネのアレンジ

れんこんの梅マリネ

大根とは異なる歯ごたえが楽しめます

「大根の梅マリネ」の大根1/4本（250g）→れんこん250gにする。れんこんは1cm厚さのいちょう切りにして酢水（分量外）でさっとゆで、同様に作る。

定番

小松菜の白だしびたし

白だしですっきりした仕上がりに

材料｜作りやすい分量

小松菜……2把（400g）
油揚げ……2枚
A
- 白だし……大さじ3
- 水……1カップ
- ごま油……小さじ2
- 削り節……1袋（1g）

作り方｜調理時間10分

1－鍋に湯を沸かし、小松菜はさっとゆでて冷水にさらし、よくしぼって5cm長さに切る。油揚げは熱湯をかけて油抜きし、ペーパータオルでふいて1cm幅の短冊切りにする。

2－保存容器にAを入れて混ぜ合わせ、1をあえる。

油揚げは油抜きして短冊切りにしたものを冷凍しておくと便利です。

保存期間
2~3日

定番

卯の花

干ししいたけの味わいでだしいらず！

材料｜作りやすい分量

生おから……100g
干ししいたけ……2枚（8g）
にんじん……1/4本
さやいんげん……3本
サラダ油……小さじ2
A
- 干ししいたけの戻し汁……大さじ2
- 水……1/2カップ
- しょうゆ、みりん……各大さじ1と1/2
- 酒、砂糖……各大さじ1/2

作り方｜調理時間 **20** 分

1 – 耐熱容器に干ししいたけ、浸るくらいの水を入れ、ラップをふんわりかけて電子レンジ（600W）で1分加熱し（戻し汁は**A**で使用）、軸を取って薄切りにする。にんじんは細切りにする。さやいんげんは筋を取って3cm長さの斜め切りにする。

2 – 鍋にサラダ油を熱し、**1**、おからを炒める。**A**を加え、汁気がなくなるまで煮詰める。

先におからを乾煎りして水分を飛ばしておくと、味がぼやけません。

おつまみにも

長いものわさび浅漬け

わさびのつーんとした風味がやみつきに！

材料｜作りやすい分量

長いも……200～250g
A
- 酢……大さじ2
- しょうゆ……大さじ1
- 砂糖……小さじ1
- 練りわさび……小さじ1/2
- 和風だし（顆粒）……小さじ1/4

作り方｜調理時間 **5** 分（冷やす時間は除く）

1 – 長いもは1cm厚さ、3cm長さの拍子木切りにする。

2 – 保存容器に**A**を入れて混ぜ合わせ、**1**をあえる。冷蔵庫で1時間以上冷やす。

わさびの風味が好きな方は量を増やしてもOKです。

長いものわさび浅漬けのアレンジ

長いものゆずこしょう浅漬け

ゆずこしょうの風味と辛味であと味さっぱり

「長いものわさび浅漬け」の**A**の練りわさび小さじ1/2→ゆずこしょう小さじ1/2にし、同様に作る。

定番

味玉 にんにくじょうゆ味

にんにく風味で食欲倍増！

材料｜作りやすい分量

卵……4個

A
- にんにく（薄切り）……1かけ
- しょうゆ、みりん……各大さじ2
- 酢……大さじ1

作り方｜調理時間 **10**分（冷やす時間は除く）

1 − 鍋に湯を沸かし、卵を7分ゆでて冷水に取って冷やし、殻をむく。

2 − 小さめの鍋に**A**を入れてひと煮立ちさせる。

3 − 保存袋に**1**、**2**を入れて、冷蔵庫でひと晩以上冷やす。

保存袋に入れたらできるだけ空気を抜くと、全体に調味料が行き渡りやすいです。

味玉 にんにくじょうゆ味のアレンジ

味玉 ナンプラー味

エスニック料理に添えても◎

「味玉 にんにくじょうゆ味」の**A**を赤唐辛子（輪切り）1本、ナンプラー大さじ2、砂糖、水各大さじ1、にんにく（すりおろし）小さじ1にし、同様に作る。

味玉 バルサミコ味

バルサミコの豊潤な風味を味わって

「味玉 にんにくじょうゆ味」の**A**をバルサミコ酢、しょうゆ各大さじ1と1/2、はちみつ大さじ1/2にし、同様に作る。

味玉 ピリ辛みそ味

ピリ辛味でおつまみにもぴったり！

「味玉 にんにくじょうゆ味」の**A**をみりん大さじ2、みそ大さじ1と1/2、しょうゆ大さじ1/2、豆板醤小さじ1/2にし、同様に作る。

PART 2

やる気がなくても作れる！

カンタン副菜

料理しんどい、買い物めんどう……
そんなやる気度低めの日に役立つカンタン副菜。
包丁もまな板も使わない副菜や
おうちのストック食材で作れる副菜など
やる気度指数別に紹介します。

まるごと調理しちゃえ！
ワイルド副菜

包丁＆まな板いらず！
超カンタン副菜

レンチンだけで
作れる副菜

フライパン１つで
作れる副菜

市販の冷凍野菜で
作れる副菜

副菜の
タレ＆ソース

魚介缶詰で
作れる副菜

魚肉練り製品で
作れる副菜

まるごと調理しちゃえ！
ワイルド副菜

卵をフライパンに直接割り入れて作るオムレツや野菜をまるごと使う料理など、ワイルドに調理する副菜。やる気度低めでも作れる気楽さ、見た目のインパクトを楽しめます。

やる気度
10%

超カンタン

世界一簡単なワイルドオムレツ

卵を溶いて焼くまでフライパン１つで完結！

材料｜２人分

卵……２個
オリーブオイル、トマトケチャップ……各適量
塩……少々

作り方｜調理時間５分

1– フライパンにオリーブオイルを熱し、卵を割り入れる。

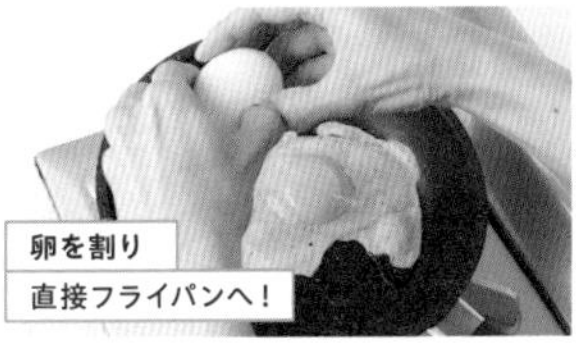

2– フライパンを前後に揺すりながら、へらで黄身、白身をぐるぐる混ぜて、溶き卵にする。

3– 塩をふる。

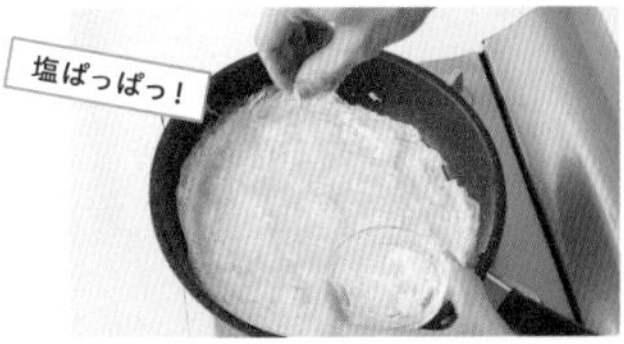

4– 卵液がかたまり始めたらへらを浮かせるようにして表面を混ぜる。底から混ぜるとスクランブルエッグ状になってしまうので注意。

5– フライパンを奥に傾けるようにして卵を片方に折りたたむ。

6– 火から下ろし、フライパンの底を濡れ布巾に当てて、へらを使って形をととのえる。

フライパンの底を濡れ付近で冷やすと火が通りすぎず、表面がきれいなオムレツになります。

7– フライパンをひっくり返しながら器に移す。トマトケチャップをかけて完成。

定番

まるごと明太マヨポテト

皮付き＆まるごとレンチンでほくほく食感を堪能

材料｜2人分

じゃがいも……2個（200g）
明太子
（薄皮から中身を出してほぐす）
……1本（1/2腹）
スライスチーズ……1枚
マヨネーズ……適量
青ねぎ（小口切り）……少々

作り方｜調理時間 **15**分

1 - じゃがいもは洗って皮付きのままラップに包み、電子レンジ（600W）で3～5分加熱する。
2 - 十字に切り込みを入れ、明太子、2等分にしたチーズをのせ、マヨネーズをかける。
3 - 天板に**2**をのせ、オーブントースター（1000W）で5～10分焼く。青ねぎを散らす。

竹串を刺してすっと通ればOK。かたいようなら様子をみて30秒ずつ追加で加熱してください。

おもてなしにも

まるごとトマトのファルシ

キュートなトマトカップごと召し上がれ

材料｜2人分

トマト……2個
- A
  - ミックスビーンズ缶……1缶（120g）
  - マヨネーズ……大さじ1と1/2
  - ゆずこしょう、しょうゆ……各小さじ1/2
  - 塩……少々

パセリ（みじん切り）……適量

作り方｜調理時間 10 分

1 – トマトは上から1cmのところを切り落とし、中身をスプーンで取って刻む。

2 – ボウルにトマトの中身、Aを入れて混ぜ、トマトカップに詰める。パセリを散らす。

皮を破かないように注意しながら、少しずつ中身を取り出しましょう。

まるごとトマトのファルシのアレンジ

まるごとトマトのポテサラファルシ

市販のポテトサラダが
見栄えのする一品に変身！

「まるごとトマトのファルシ」のAをポテトサラダ（市販）100gにする。トマトの中身は入れない。

おもてなしにも

まるごとなすのチーズグラタン

とろとろ食感のなすにチーズをのせてアツアツに

材料｜2人分

なす……2本（200g）
スライスベーコン……1枚
トマト缶（カット）……1/2缶（200g）
オリーブオイル、ピザ用チーズ、
　パセリ（みじん切り）……各適量
にんにく（すりおろし）……小さじ1/3
塩、こしょう……各少々

作り方｜調理時間 **20**分

1－なすは縦に切り込みを3～4本入れる。ベーコンは1㎝幅の短冊切りにする。
2－フライパンにオリーブオイル、にんにくを熱し、香りが立ってきたらトマト缶、**1**を加え、塩、こしょうをふり、ふたをしてなすがやわらかくなるまで煮る。
3－耐熱容器に**2**を入れ、チーズをのせ、オーブントースター（1000W）で焼き色が付くまで7分焼く。パセリを散らす。

なすに切り込みを入れると火が通りやすく、味もからみやすくなります。

定番

まるごとかぶのとろとろゆずあん

かぶととろとろのゆずこしょうあんで体ぽかぽか！

材料｜2人分

かぶ……2個
A
- だし汁……1カップ
- しょうゆ、酒……各大さじ1
- ゆずこしょう……小さじ1/2

塩……少々
水溶き片栗粉……適量

作り方｜調理時間 **15**分

1 – かぶは皮をむいて十字に切り込みを入れ、茎は1～2cm長さに切る。

2 – 鍋に**A**、かぶを入れて、ふたをして弱火で煮る。やわらかくなったら茎を加え、塩で味をととのえ、水溶き片栗粉でとろみを付ける。

かぶに切り込みを入れることで火が通りやすく、味もしみ込みやすくなります。

まるごとかぶのとろとろゆずあんのアレンジ

まるごとかぶの とろとろしょうがあん

しょうがで食欲増進＆体をぽかぽかに！

「まるごとかぶのとろとろゆずあん」の**A**のゆずこしょう小さじ1/2→しょうが（すりおろし）小さじ1にし、同様に作る。

作りおきにも

まるごとピーマン焼きびたし

ピーマンはワイルドに手でつぶして！

材料｜2人分

ピーマン……4個（160g）
ごま油……少々
A
- 水……60mℓ
- めんつゆ（3倍濃縮）……大さじ2
- しょうが（すりおろし）……小さじ1

削り節……適量

作り方｜調理時間10分（浸す時間は除く）

1－ピーマンは手でつぶす。
2－フライパンにごま油を熱し、1を焼き色が付くまで焼く。
3－容器にAを入れて混ぜ合わせ、2を15分浸す。器に盛り、削り節をかける。

つぶして平たくすることで表面全体が焼きやすくなります。種もわたも残さず使います。

おつまみにも

まるごとチーズ玉ねぎ

シンプル調理で玉ねぎの甘みとうま味を堪能

材料｜2人分

玉ねぎ……2個（400g）
塩、黒こしょう……各少々
ピザ用チーズ……適量

作り方｜調理時間10分

1－玉ねぎは縦8等分に切り込みを入れ、耐熱容器に入れて塩をふり、ラップをふんわりかけて電子レンジ（600W）で4～5分、やわらかくなるまで加熱する。
2－1にチーズ、黒こしょうをふり、オーブントースター（1000W）で5分、チーズが溶けるまで焼く。

玉ねぎに切り込みを入れることで火が通りやすく、食べやすくなります。

まるごとチーズ玉ねぎのアレンジ

まるごとおかかチーズ玉ねぎ

ポン酢しょうゆを加えて和風にアレンジ！

「まるごとチーズ玉ねぎ」の黒こしょう少々は入れずに、削り節適量、ポン酢しょうゆ小さじ2を加える。削り節、ポン酢しょうゆは仕上げにかける。

超カンタン

まるごと炊飯器にんじん

ご飯と同時に“あと一品”ができる！

材料｜作りやすい分量

にんじん……1本
米（洗米済み）……3合
水……適量

作り方｜調理時間3分（炊飯時間は除く）

1 – にんじんは皮をむく。
2 – 炊飯器の内釜に米を入れ、3合の目盛りまで水を加え、1をのせて通常炊飯する。

にんじんが大きいときは半分に切ってください。

付け合わせにも！

甘くてやわらかいにんじんは食べやすい大きさに切って、ハンバーグなどの付け合わせにおすすめです。

まるごと炊飯器にんじんのアレンジ

まるごと炊飯器さつまいも

いろいろな根菜でおいしく作れます

「まるごと炊飯器にんじん」のにんじん1本→さつまいも1本にする。さつまいもは皮付きのまま同様に作る。

包丁&まな板いらず!
超カンタン副菜

包丁を握るのも面倒、洗い物を極力少なくしたい……。
そんなときは麺棒やキッチンバサミ、
スライサーなどを使って作る
超カンタン&スピード副菜がうってつけ!

さっぱり味

たたききゅうりとかに風味かまぼこのみそマヨあえ

冷蔵庫に入れて味をしっかりなじませて

材料｜2人分

きゅうり……1本
かに風味かまぼこ……4本
A［マヨネーズ……小さじ2
　みそ、白すりごま……各小さじ1

作り方｜調理時間 **5** 分（冷やす時間は除く）

1－きゅうりはポリ袋に入れて、食べやすい大きさになるまで麺棒でたたく。細かく裂いたかに風味かまぼこを加える。
2－**1**に**A**を加えて混ぜ、冷蔵庫で30分以上冷やす。

たたきすぎるよりも少しごろっとした状態にしておくと、水っぽくなるのを防げます。

たたききゅうりとかに風味かまぼこのみそマヨあえのアレンジ

たたききゅうりとツナのみそマヨあえ

ストックしているツナ缶を活用！

「たたききゅうりとかに風味かまぼこのみそマヨあえ」のかに風味かまぼこ４本→ツナ缶（水煮）１缶（80g）にする。ツナは缶汁をきり、同様に作る。

超スピード

たたき長いものゆかりマヨあえ

味付けはゆかりにおまかせ！

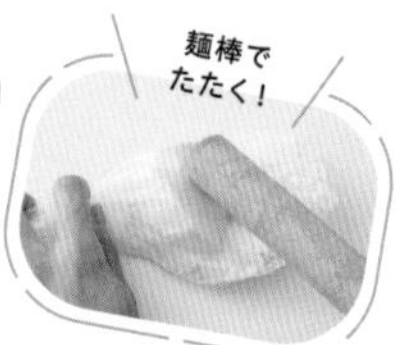

材料｜2人分

長いも……100g

A［ゆかり、マヨネーズ……各小さじ2

ピーラーで皮をむき、麺棒でたたきます。たたくことで、ねばねば感とシャキシャキ感の両方が楽しめます。

作り方｜調理時間3分

1 – 長いもはピーラーで皮をむきポリ袋に入れて、ひと口大になるまで麺棒でたたく。

2 – 1にAを加えて混ぜる。

たたき長いものゆかりマヨあえのアレンジ

たたききゅうりのゆかりマヨあえ

長いもの代わりに
定番野菜のきゅうりで作っても◎

「たたき長いものゆかりマヨあえ」の長いも100g→きゅうり1本にする。きゅうりはポリ袋に入れて麺棒でたたき、同様に作る。

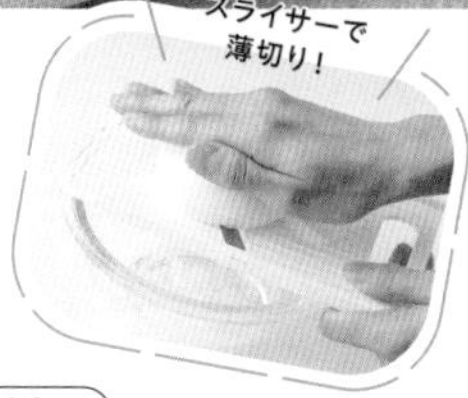

さっぱり味

生ハムと玉ねぎのマリネ

スライスすることでマリネ液がよくなじみます

材料｜2人分

玉ねぎ……1/2個
生ハム……6枚
A
- 白ワインビネガー……大さじ1
- オリーブオイル……小さじ2
- 砂糖……小さじ1
- 塩、こしょう……各少々
- パセリ（みじん切り）……適量

作り方｜調理時間 10分

1 – 玉ねぎはスライサーで薄切りにし、水に5分さらして辛味が抜けたら水気をよくしぼる。生ハムは食べやすい大きさにちぎる。

2 – ボウルに**A**を入れて混ぜ合わせ、**1**をあえる。

しぼりすぎると玉ねぎのシャキシャキ感が失われるので注意。

生ハムと玉ねぎのマリネのアレンジ

生ハムと玉ねぎの和風マリネ

ポン酢しょうゆを加えて和風味のマリネに

「生ハムと玉ねぎのマリネ」の**A**の白ワインビネガー大さじ1、砂糖小さじ1、塩、こしょう各少々、パセリ（みじん切り）適量→ポン酢しょうゆ大さじ1、削り節ふたつまみにし、同様に作る。

定番

とろとろ もやしそぼろあん

もやしにからんだあんが絶品！ ご飯にのせても

材料｜2人分

もやし……1/2袋（100g）

A
- 豚ひき肉……80g
- しょうゆ、酢、みりん……各大さじ1
- しょうが（すりおろし）……小さじ1

B
- 片栗粉……小さじ2
- 水……1/2カップ

青ねぎ（小口切り）……適量

作り方｜調理時間 **10** 分

1 – フライパンにAを入れて混ぜて火にかけ、そぼろ状になるまで炒める。

2 – もやしを加えて炒め合わせ、もやしがしんなりしたら混ぜ合わせた**B**を加えて、とろみが付いたら器に盛り、青ねぎを散らす。

ひき肉から脂が出るので油は不要ですが、焦げやすいときは油を少量ひきましょう。

レンチン

豆苗とささみの 塩昆布あえ

塩昆布のうま味とごま油のコクで箸がすすみます

材料｜2人分

豆苗……1/2袋

鶏ささみ……2本（100g）

A
- 酒……小さじ2
- 塩……少々

B
- 塩昆布……大さじ2
- 白いりごま……小さじ2
- ごま油……小さじ1

作り方｜調理時間 **10** 分

1 – 豆苗はキッチンバサミで食べやすい長さに切る。

2 – 鶏ささみは全体をフォークで刺し、耐熱容器に入れて**A**をふり、ラップをふんわりかけて電子レンジ（600W）で4分加熱し、粗熱が取れたらほぐす。

3 – ボウルに**B**を入れて混ぜ合わせ、**1**、**2**をあえる。

鶏ささみは粗熱を取ってからほぐすのが、パサパサにならないコツです。

豆苗とささみの塩昆布あえのアレンジ

水菜とささみの塩昆布あえ

味にクセのない水菜も塩昆布によく合います

「豆苗とささみの塩昆布あえ」の豆苗 1/2 袋→水菜 1/2 束にする。水菜は 4cm長さに切り、同様に作る。

おもてなしにも

パセリとミックスビーンズとツナのサラダ

たっぷりパセリと豆類でヘルシーに！

材料｜2人分

ツナ缶（水煮）……1缶（80g）
クリームチーズ……30g
ミックスビーンズ缶……1缶（120g）
パセリ（みじん切り）……大さじ2

A
- オリーブオイル、レモン汁……各小さじ2
- 砂糖……小さじ1/2
- 塩、黒こしょう……各少々

作り方｜調理時間5分

1－ボウルにAを入れて混ぜ合わせ、缶汁をきったツナを入れる。

2－チーズをスプーンで小さくすくって加え、ミックスビーンズ、パセリを加えてざっくりあえる。

パセリはみじん切りにしたものを冷凍保存しておくと、少量ずつ使えて便利です。

おつまみにも

豆もやしとベーコンの黒こしょうあえ

冷蔵庫で冷やして食べてもおいしい！

材料｜2人分

豆もやし……1/2袋（100g）
スライスベーコン……1/2枚（9g）

A
- 鶏がらスープの素（顆粒）……小さじ1/2
- にんにく（すりおろし）……小さじ1/3
- 塩、黒こしょう……各適量

作り方｜調理時間5分

1－ベーコンはキッチンバサミで7㎜幅に切る。

2－耐熱ボウルに豆もやし、1を入れて、ラップをふんわりかけて電子レンジ（600W）で1分30秒加熱する。水気をきって、Aを加えて混ぜる。

豆もやしとベーコンを同時に調理できるので時短に。洗い物も少なくて済みます。

副菜作りを
快適に!

COLUMN ②

私のおすすめ調理道具

料理はできるだけ手間をかけないのが私流!
愛用している調理道具の一部を紹介します。

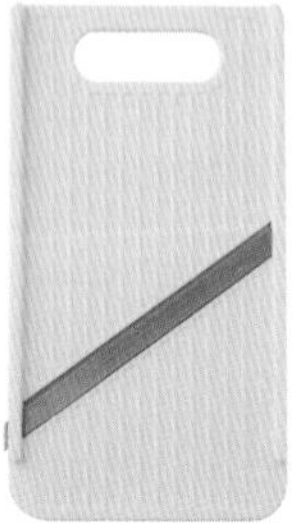

電子レンジ対応のザル付き保存容器

⬇ 水きり、温め、保存がこれ1つで完結するすぐれものです。ザルで洗った野菜をそのまま水きりできるほか、電子レンジでの加熱もOK。冷蔵・冷凍保存の容器としても使えます。

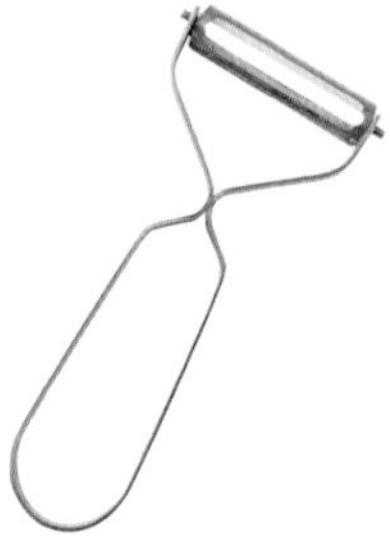

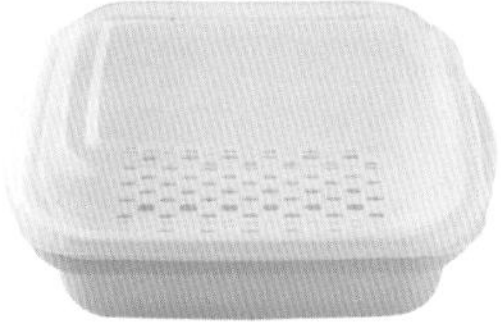

幅広タイプのスライサー

⬆ 包丁では手間のかかる野菜の薄切りが手軽にできて、時短や料理の幅を広げるのに役立ちます。キャベツなどにも対応できる幅広タイプが万能です。

ステンレス製のピーラー

⬆ 包丁を使わずに野菜や果物の皮むきができるピーラーは、調理をスムーズにする必須アイテム。食洗機が使えて、耐久性の高いステンレス製がおすすめです。

分解できるキッチンバサミ

⬇ まな板や包丁いらずで食材をカットできるキッチンバサミ。すき間などに汚れがたまりやすいので、分解できて洗えるものが衛生的でおすすめです。

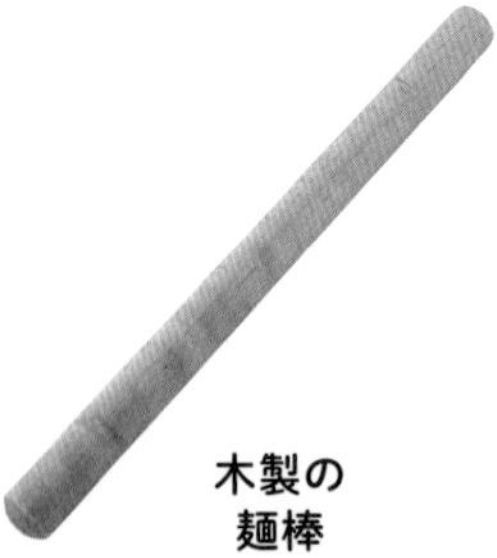

木製の麺棒

⬆ クッキーやパン生地を均一に伸ばすために欠かせない麺棒は、肉や野菜をたたく、砕くといった用途にも使えます。私は安くて丈夫な木製を使っています。

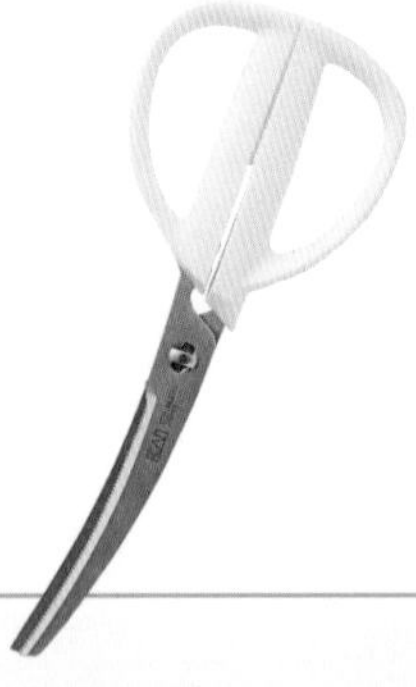

みじん切りが素早くできるフードチョッパー

⬆ にんじんや玉ねぎなどの野菜を入れて、数回ハンドルを引けば（回せば）みじん切りが完成します。素早く均一にカットでき、まな板やキッチン台を汚さないのも魅力です。

ふた付き 20㎝フライパン

⬆ 副菜や1人分の調理用など、サブフライパンとしてもおすすめの小さめサイズ。ふたがあると蒸し焼きや煮物にも使えます。中の状態が確認できるガラス製のふたが便利です。

へら付き 卵焼き器

↗ 卵焼き器は卵焼きフライパンとも呼ばれ、卵焼きはもちろん、ちょっとした炒め物にも重宝します。卵焼き器とぴったりサイズのへらがあると、卵焼きをきれいに返せます。

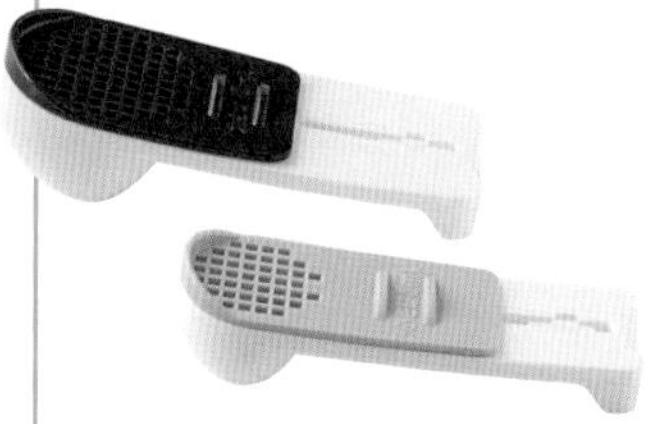

粉ふり 計量スプーン

⬅ 粉類をスプーンで計量して、そのままふりかけることができる便利グッズ。ふたの部分がスライドできて、片手ですりきりが可能です。

粉ふり ボトル

⬆ 中ぶたが細かいメッシュになっていて、小麦粉や片栗粉を均一にまぶせる便利グッズです。使いたい分だけ使えて、容器ごと保存できます。

シリコン製 トング

⬆ 菜箸よりも食材をつかみやすく、調理から盛り付けまで大活躍するトング。手にフィットして握りやすく、つかみやすいものを選びましょう。

シリコン製 へら

⬆ 混ぜる、炒める、食材をすくうのに便利なへら。調理に使用する場合は、耐熱温度が高く、弾力性の高いシリコン製を選ぶと安心です。

シリコン製 調理スプーン

⬆ 混ぜる、炒めるといった調理はもちろん、取り分け、盛り付けにも使えます。耐熱温度が高く、フライパンを傷付けないシリコン製がおすすめです。

レンチンだけで作れる副菜

20%
10%
30%
やる気度
20%

メイン料理でコンロを使用中のときや、暑くて火を使いたくないときには電子レンジを使って副菜を作りましょう。レンジだけならパパッと作れてラクチン！

おもてなしにも

さつまいもとベーコンのサラダ

さつまいものやさしい甘さとベーコンの塩気がマッチ

材料｜2人分

さつまいも……1本（200g）
スライスベーコン……2枚（36g）
A ┌ クリームチーズ……30g
　│ マヨネーズ……大さじ1
　└ 塩、黒こしょう……各少々
素焼きアーモンド（砕く）……適量

作り方｜調理時間 10分

1－さつまいもは乱切りにして水にくぐらせ、耐熱容器に入れ、ラップをふんわりかけて電子レンジ（600W）で3～4分、竹串がすっと通るまで加熱する。ベーコンは1cm幅の短冊切りにし、ペーパータオルではさんで電子レンジで1分加熱する。

2－さつまいもは熱いうちにざっくりつぶし、ベーコン、Aを加えて混ぜる。

3－器に盛り、アーモンドを散らす。

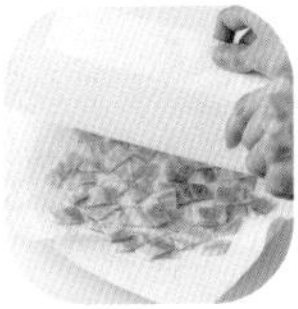

ペーパータオルではさんで加熱することで、余分な脂を落とし、油がはねるのを防げます。

お弁当にも

カリフラワーのカレーマヨあえ

カレー風味で食欲をそそります。冷やして食べても◎

材料｜2人分

カリフラワー……1/2株（200g）

A
- マヨネーズ……大さじ1と1/2
- 牛乳……大さじ1
- カレー粉……小さじ1/2
- 塩、こしょう……各少々

作り方｜調理時間 **10** 分

1 – カリフラワーは小房に分け、水にくぐらせて耐熱容器に入れ、ラップをふんわりかけて電子レンジ（600W）で2～3分加熱する。

2 – ボウルに**A**を入れて混ぜ合わせ、**1**をあえる。

カレー×マヨネーズはみんなが好きな鉄板の組み合わせです。

カリフラワーのカレーマヨあえのアレンジ

カリフラワーのゆずマヨあえ

ゆずこしょうが効いた大人の味にアレンジ！

「カリフラワーのカレーマヨあえ」の**A**のカレー粉小さじ1/2→ゆずこしょう小さじ1/2にし、同様に作る。

おつまみにも

蒸し鶏と豆もやしのキムチあえ

ピリ辛でうま味たっぷりのキムチがアクセントに！

材料｜2人分

- 鶏むね肉……100g
- 豆もやし……1/2袋（100g）
- 塩、酒……各少々
- A
  - 白菜キムチ……50g
  - 白すりごま、ごま油……各小さじ1
  - しょうゆ……小さじ1/2

作り方｜調理時間 **10**分

1. 鶏肉は余分な脂、皮を除いて全体をフォークで刺し、耐熱容器に入れて塩、酒をふり、ラップをふんわりかけて電子レンジ（600W）で2分加熱する。裏返して再びラップをふんわりかけて電子レンジで1分加熱し、粗熱が取れたら食べやすくほぐす。
2. 豆もやしは耐熱容器に入れ、ラップをふんわりかけて電子レンジで2分加熱し、水気をきる。
3. ボウルに**A**を入れて混ぜ合わせ、**1**、**2**をあえる。

蒸し鶏は多めに作ってほぐしたものを、冷凍用保存袋に入れて冷凍しておくと便利です。

蒸し鶏と豆もやしのキムチあえのアレンジ

蒸し鶏とキャベツのキムチあえ

豆もやしの代わりにゆでキャベツでも◎

「蒸し鶏と豆もやしのキムチあえ」の豆もやし1/2袋（100g）→キャベツ100gにする。キャベツは1cm幅に切って耐熱容器に入れ、ラップをふんわりかけて電子レンジ（600W）で2分加熱し、同様に作る。

お弁当にも

バタポンきのこ

ポン酢しょうゆでコクと酸味がいいバランス！

材料｜2人分

しめじ……1/2袋（50g）
エリンギ……1本（50g）
マッシュルーム（ブラウン）……4個（40g）
A
- ポン酢しょうゆ……小さじ2
- バター……5g
- 黒こしょう……少々

作り方｜調理時間**5**分

1－しめじは石づきを取ってほぐす。エリンギは縦半分に切って斜め薄切り、マッシュルームは石づきを取って薄切りにする。耐熱容器にきのこを入れて、ラップをふんわりかけて電子レンジ（600W）で2分加熱する。

2－**1**に**A**を加えて混ぜる。

きのこの余熱でバターを溶かすので、加熱後はすぐに**A**を加えて混ぜましょう。

お弁当にも

れんこんの練りごまあえ

練りごまを合わせるだけで手軽に作れます

材料｜2人分

れんこん……150g
A
- 白練りごま……小さじ2
- しょうゆ……小さじ1/2
- 砂糖……少々

作り方｜調理時間**5**分

1－れんこんは5㎜厚さのいちょう切りにして酢水（分量外）にさらし、耐熱容器に入れ、ラップをふんわりかけて電子レンジ（600W）で2～3分加熱する。

2－ボウルに**A**を入れて混ぜ合わせ、**1**をあえる。

れんこんが冷たいと練りごまがかたまって混ぜにくいので、温かいうちにあえましょう。

れんこんの練りごまあえのアレンジ

里いもの練りごまあえ

ねっとり里いもにごまのあえ衣がマッチ！

「れんこんの練りごまあえ」のれんこん150g→里いも150gにする。里いもは水にくぐらせて耐熱容器に入れ、ラップをふんわりかけて電子レンジ（600W）で2～3分、竹串がすっと通るまで加熱し、皮をむいて半分に切り、同様に作る。

超スピード

にんじんとコーンのごまみそマヨサラダ

定番のみそマヨにごまを加えて香ばしさアップ！

材料｜2人分

にんじん……1/2本（100g）
冷凍コーン……30g
A［マヨネーズ……小さじ2
　みそ、白すりごま……各小さじ1

作り方｜調理時間 **5** 分

1－にんじんは4cm長さの細切りにして耐熱容器に入れ、冷凍コーンも加えて、ラップをふんわりかけて電子レンジ（600W）で2分加熱する。

2－ボウルに**A**を入れて混ぜ合わせ、**1**をあえる。

ホールコーン缶を使う場合はにんじんのみで1分30秒～2分加熱して、**2**で缶汁をきってあえてください。

超カンタン

にんじんの白だしレモンあえ

シンプルな味付けで野菜本来の味を引き出します

材料｜2人分

にんじん……1本（200g）
A［白だし、レモン汁……各大さじ1/2

作り方｜調理時間 **5** 分

1－にんじんは4cm長さの細切りにして耐熱容器に入れ、ラップをふんわりかけて電子レンジ（600W）で2～3分加熱する。

2－ボウルに**A**を入れて混ぜ合わせ、**1**をあえる。

にんじんはスライサーで薄切りにしたものを重ねて細切りにすると、手早くでき見た目もきれいです。

にんじんの白だしレモンあえのアレンジ

豆もやしの白だしレモンあえ

栄養豊富な豆もやしを食卓に！

「にんじんの白だしレモンあえ」のにんじん1本（200g）→豆もやし1袋（200g）にする。豆もやしは耐熱容器に入れて、ラップをふんわりかけて電子レンジ（600W）で3分加熱して水気をきり、同様に作る。

おもてなしにも

えびときゅうりのディルあえ

魚介のうま味とハーブの香りで白ワインがすすむ！

材料｜2人分

冷凍むきえび……100g
きゅうり……1/2本
酒……小さじ2
塩……少々
A
- レモン汁、マヨネーズ……各小さじ1
- オリーブオイル……小さじ1/2
- 塩、こしょう……各少々
- ディル（ちぎる）……適量

作り方｜調理時間 10分

1－耐熱容器にえびを入れて酒をふり、かぶるくらいの水を加えて、ラップをふんわりかけて電子レンジ（600W）で2～3分加熱し、水気をきる。
2－きゅうりは5mm厚さの輪切りにして塩をふり、しんなりしたら水気をしぼる。
3－ボウルにAを入れて混ぜ合わせ、**1**、**2**をあえる。

きゅうりはえびに合わせてやや厚めに切ると、食べごたえのある一品に。

えびときゅうりのディルあえのアレンジ

えびとアボカドのディルあえ

おしゃれなオードブルのでき上がり！

「えびときゅうりのディルあえ」のきゅうり1/2本→アボカド1/2個にする。アボカドは1cm角に切り、同様に作る。

さっぱり味

鶏肉ときゅうりのしょうがじょうゆあえ

しょうがの風味が広がる飽きのこない味わい

材料｜2人分

鶏むね肉……100g
きゅうり……1本
しょうが……1/2かけ
塩、酒……各少々
A
- しょうゆ……小さじ1
- 白いりごま、ごま油……各小さじ1/2

作り方｜調理時間 10分

1－鶏肉は余分な脂、皮を除いて全体をフォークで刺し、耐熱容器に入れて塩、酒をふり、ラップをふんわりかけて電子レンジ（600W）で2分加熱する。裏返して再びラップをふんわりかけて電子レンジで1分加熱し、粗熱が取れたら食べやすくほぐす。
2－きゅうりは縦半分に切ってから斜め薄切り、しょうがは千切りにする。
3－ボウルにAを入れて混ぜ合わせ、**1**、**2**をあえる。

鶏肉は一番厚い部分を切ってみて赤いようであれば、様子をみて30秒ずつ加熱しましょう。

超カンタン

チーズマッシュポテト

クリームチーズを入れて濃厚リッチな味わいに！

材料｜2人分

じゃがいも……2個（200g）

A
- クリームチーズ……30g
- 牛乳……大さじ1～2
- 塩、こしょう……各少々
- パセリ（みじん切り）……適量

作り方｜調理時間 5 分

1－じゃがいもは皮をむいて小さめの乱切りにし、水にくぐらせて耐熱ボウルに入れ、ラップをふんわりかけて電子レンジ（600W）で4分加熱する。

2－じゃがいもを熱いうちにつぶし、**A**を加えて混ぜる。

じゃがいもは種類によって水分量が違うので、牛乳の量でかたさの調節をしてください。

おつまみにも

ささみとじゃがいもの明太あえ

ささみとじゃがいもを明太子であえるだけ！

材料｜2人分

鶏ささみ……2本（100g）

じゃがいも……2個（200g）

A
- 酒……小さじ2
- 塩……少々

B
- 明太子（薄皮から中身を出してほぐす）……1本（1/2腹）
- ごま油、酢……各小さじ1
- しょうゆ……小さじ1/2

作り方｜調理時間 15 分

1－鶏ささみは全体をフォークで刺し、耐熱容器に入れて**A**をふり、ラップをふんわりかけて電子レンジ（600W）で4分加熱し、粗熱が取れたらほぐす。

2－じゃがいもは皮をむいて小さめの乱切りにし、水にくぐらせて耐熱容器に入れ、ラップをふんわりかけて電子レンジで4分加熱する。

3－ボウルに**B**を入れて混ぜ合わせ、**1**、**2**をあえる。

じゃがいもは水にくぐらせてから加熱することで、水分が飛んでかたくなるのを防げます。

フライパン1つで作れる副菜

やる気度 30%

あれこれ調理器具を使うのは面倒だけど
フライパン1つならなんとか作れそう……。
焼いたり、揚げたり、蒸し煮にしたり、
フライパン1つでできる副菜を紹介します。

おもてなしにも

白菜の ガーリックバターステーキ

大きめの白菜ステーキならインパクト大！

材料｜2人分

白菜……1/8個
にんにく……1かけ
オリーブオイル……小さじ1
水……大さじ2
バター……5g
しょうゆ……大さじ1/2

作り方｜調理時間 **15** 分

1 – 白菜は縦半分に切る。にんにくはみじん切りにする。
2 – フライパンにオリーブオイル、にんにく、白菜を入れて火にかける。水を加えてふたをし、両面焼き色が付くまで焼く。
3 – **2**にバターを加え、しょうゆをかける。

白菜はじっくり蒸し焼きにすることで甘みが出て、とろとろの食感になります。ナイフで切り分けて召し上がれ。

白菜のガーリックバターステーキのアレンジ

キャベツの ガーリックバターステーキ

やわらかい春キャベツがおすすめです

「白菜のガーリックバターステーキ」の白菜1/8個→キャベツ1/8個にする。キャベツは縦半分に切り、同様に作る。

おつまみにも

オクラのトマトソース

夏野菜の代表格、オクラを洋風にアレンジ

材料｜2人分

オクラ……8～10本
にんにく……小1かけ
オリーブオイル……小さじ2
A
- トマト缶（カット）……1/4缶（100g）
- 砂糖……小さじ1/2
- 塩、こしょう……各少々

粉チーズ、パセリ（みじん切り）……各適量

作り方｜調理時間 15分

1 – オクラはへたを取り、塩少々（分量外）で板ずりする。にんにくはみじん切りにする。

2 – フライパンにオリーブオイル、にんにくを熱し、香りが立ってきたらオクラを焼く。焼き色が付いたらAを加えて軽く煮詰める。

3 – 器に盛り、粉チーズをふり、パセリを散らす。

少量の砂糖を加えることで、トマトの酸味が丸くなり、マイルドな味わいになります。

作りおきにも

かぼちゃのバルサミコマリネ

かぼちゃにバルサミコ酢のフルーティーな酸味がマッチ

材料｜2人分

かぼちゃ……1/8個（200g）
オリーブオイル……小さじ2
塩……少々
A
バルサミコ酢……大さじ1
オリーブオイル……小さじ2
はちみつ……小さじ1
塩……少々

作り方｜調理時間15分（冷やす時間は除く）

1 かぼちゃは皮付きのまま種、わたを除き、1cm厚さのくし形切りにする。
2 フライパンにオリーブオイルを熱し、**1**の両面に塩をふり、ふたをして焼く。
3 保存容器に**A**を入れて混ぜ合わせ、熱いうちに**2**を浸す。冷蔵庫で1時間以上冷やす。

かぼちゃの厚みのある部分に竹串がすっと刺さるまで焼いてください。

お弁当にも

コロコロ青のりポテト

“のり塩”とじゃがいもの相性は
言うまでもない！

材料｜2人分

じゃがいも……2個
サラダ油……適量
青のり……小さじ1
塩……少々

作り方｜調理時間 10分

1－じゃがいもは皮をむいて1cm角に切る。
2－フライパンにサラダ油、**1**を並べて弱火で熱し、ふたをして竹串がすっと刺さるくらいまで焼く。青のり、塩をふってからめる。

小さめに切るのがポイント。フライパンで加熱する際に火が通りやすくなります。

コロコロ青のりポテトのアレンジ

青のりれんこん

香ばしく炒めたれんこんを青のり風味で！

「コロコロ青のりポテト」のじゃがいも2個→れんこん200gにする。れんこんは5mm厚さのいちょう切りにし、同様に作る。

定番

カリカリチーズポテト

お店みたいな皮付きポテト！ 粉チーズが隠し味

材料｜2人分

じゃがいも……2個
片栗粉、オリーブオイル……各小さじ2
塩、黒こしょう……各少々
粉チーズ……大さじ1

作り方｜調理時間 10分

1－じゃがいもは皮付きのままくし形切りにし、全体に片栗粉をまぶす。
2－フライパンにオリーブオイル、**1**を並べて弱火で熱し、ふたをして焼く。ときどき裏返しながら、竹串がすっと刺さるくらいまで焼き、塩、粉チーズをかけ、焼き色が付くまで焼く。
3－器に盛り、黒こしょうをふる。

片栗粉をまぶすことで、じゃがいもの表面がカリッと仕上がります。

おつまみにも

にんじんのクミン炒め

クミンシードを加えれば
一気にエスニックテイストに

材料｜2人分

にんじん……1本

A
- オリーブオイル……小さじ2
- にんにく（すりおろし）、クミンシード……各小さじ1/2
- 塩……少々

作り方｜調理時間 10分

1 – にんじんは8㎜角、4㎝長さの棒状に切る。

2 – フライパンにA、1を入れてからめてから弱火で熱し、ふたをして全体に焼き色が付くまで焼く。

じっくり焼くことで甘みを楽しめます。焦げそうなときは水を少量加えましょう。

にんじんのクミン炒めのアレンジ

かぼちゃのクミン炒め

クミンシードで香りよく焼いたかぼちゃも絶品！

「にんじんのクミン炒め」のにんじん1本→かぼちゃ150gにする。かぼちゃは7～8㎜厚さのくし形切りにし、同様に作る。

お弁当にも

にんじんのチーズコンソメソテー

大きめに切ったにんじんは
料理の付け合わせにも◎

材料｜2人分

にんじん……1本
バター……10g

A
- 粉チーズ……大さじ1
- コンソメ（顆粒）……小さじ1/2

パセリ（みじん切り）……適量

作り方｜調理時間 10分

1 – にんじんは長さ半分のくし形切りにする。

2 – フライパンにバター、1を入れて弱火で熱し、ふたをして焼く。全体に焼き色が付いたらAを加えてからめる。

3 – 器に盛り、パセリを散らす。

粉チーズはうま味とコクが増す万能調味料。コンソメとの相性も抜群です。

おつまみにも

スパイシーれんこん

スナック感覚でつまみたい！

材料｜2人分

れんこん……150g
オリーブオイル……小さじ1
塩……少々
A［粉チーズ……小さじ1
　 チリパウダー……小さじ1/3
パセリ（みじん切り）……適量

作り方｜調理時間 10分

1 れんこんは1cm角、4cm長さの棒状に切る。
2 フライパンにオリーブオイルを中火で熱し、**1**に塩をふり、全体に焼き色が付くまで焼く。火を弱めて**A**をふり、全体にからめる。
3 器に盛り、パセリを散らす。

れんこんはスティック状に切ることで、いつもと違った見た目と食感に。

スパイシーれんこんのアレンジ

カレーチーズれんこん

チリパウダーの辛さが苦手な方はこちらを！

「スパイシーれんこん」の**A**のチリパウダー小さじ1/3→カレー粉小さじ1/2にし、同様に作る。

お弁当にも

れんこんと
さつまいもの
バターきんぴら

いつものきんぴらに飽きたら
バター味はいかが？

材料｜2人分

れんこん……100g
さつまいも……1/2本
バター……15g
A［しょうゆ、みりん……各小さじ1
白いりごま……少々

作り方｜調理時間 10分

1－れんこん、さつまいもは5㎜厚さのいちょう切りにする。

2－フライパンにバター、1を入れて熱し、全体に焼き色が付くまで炒める。Aを加えてからめ、白いりごまをふる。

さつまいもは加熱しすぎると崩れてしまうので注意しましょう。

超カンタン

れんこんの明太バター炒め

たった3つの材料でできて、味付けも不要！

材料｜2人分

れんこん……200g
明太子（薄皮から中身を出してほぐす）
……1本（1/2腹）
バター……10g

作り方｜調理時間 10分

1－れんこんは7㎜厚さの半月切りにする。

2－フライパンにバターを弱火で熱し、1を焼く。全体に焼き色が付いたら火を止め、明太子をからめる。

明太子は火を通しすぎるとパサパサになるので、火を止めてから加えます。

れんこんの明太バター炒めのアレンジ

じゃがいもの明太バター炒め

じゃがいもと明太子は名コンビです！

「れんこんの明太バター炒め」のれんこん200g→じゃがいも2個にする。じゃがいもは皮をむいて5㎜厚さの拍子木切りにし、同様に作る。

お弁当にも

しらたきのたらこ炒め

しらたきのつるつるとたらこの
プチプチした食感が楽しい！

材料｜2人分

したらき（あく抜き済み）……1袋（200g）

A
- たらこ（薄皮から中身を出してほぐす）
  ……1本（1/2腹）
- しょうゆ、酒……各小さじ1

作り方｜調理時間 **10** 分

1 – しらたきはザルに上げて水気をきり、食べやすい長さに切る。

2 – フライパンにしらたきを入れて中火にかけ、乾煎りする。水分がしっかり飛んだら火を弱め、Aを加えて炒め合わせる。

> 味のムラが出ないように、火を弱めてから全体に調味料をからめるのがコツです。

こってり味

しらたきチャプチェ

春雨を使わず、低カロリーなしらたきで！

材料｜2人分

しらたき（あく抜き済み）……1袋（200g）
牛切り落とし肉……100g
にら……1/4把
にんじん……1/3本
生しいたけ……1枚
ごま油……小さじ1

A
- しょうゆ……大さじ1
- 砂糖……小さじ2
- 白いりごま……小さじ1
- にんにく（すりおろし）……小さじ1/2

作り方｜調理時間 **20** 分

1 – しらたきはザルに上げて水気をきり、食べやすい長さに切る。牛肉は大きければ食べやすい大きさに、にらは4㎝長さに切る。にんじんは細切り、しいたけは軸を取って薄切りにする。

2 – フライパンにごま油を熱し、しらたきを炒める。水分がしっかり飛んだら牛肉、にんじん、しいたけ、にらの順に加えて炒め合わせる。

3 – Aを加えてからめる。

> しらたきは炒めてしっかり水分を飛ばすことで、調味料がからみやすくなります。

定番

さつまいもの 塩バタースティック

おかずはもちろん、おやつにもイケる

材料｜2人分

さつまいも……1/2本
バター……10g
水……大さじ2
砂糖……小さじ1
塩……少々

作り方｜調理時間 **10** 分

1 – さつまいもは皮付きのまま1cm厚さ、4cm長さの拍子木切りにし、水（分量外）に1分さらして水気をきる。
2 – フライパンにバターを弱火で熱し、**1**、分量の水を加えてふたをし、蒸し焼きにする。砂糖をふり入れ、全体に焼き色が付いたら塩をふる。

砂糖を加えると焦げやすくなるので、さつまいもに火が通ってから加えましょう。

作りおきにも

きのことベーコンの バター炒め

バターのコクにレモンの酸味がおいしい炒め物

材料｜2人分

しめじ……1/2袋
マッシュルーム（ブラウン）……4個
エリンギ……1本
スライスベーコン……2枚
バター……5g
塩、黒こしょう……各少々
レモン（くし形切り）……1切れ

作り方｜調理時間 **10** 分

1 – しめじは石づきを取ってほぐす。マッシュルームは石づきを取って、半分または4等分に切る。エリンギは縦半分に切り、斜め薄切りにする。ベーコンは1cm幅の短冊切りにする。
2 – フライパンにバターを熱し、**1**を炒める。塩、黒こしょうをふってからめる。
3 – 器に盛り、レモンを添える。

きのこの種類は好みのものを使ってください。舞茸やえのきたけ、しいたけもOKです。

おつまみにも

長いものチーズガレット

まわりカリカリ、中もっちり！ チーズのお焦げが美味♡

材料｜2人分

長いも……200g

A
- ピザ用チーズ……30g
- 片栗粉……大さじ2
- しょうゆ……小さじ1
- 塩……少々

オリーブオイル、青ねぎ（小口切り）……各適量

作り方｜調理時間 15 分

1 – 長いもは4cm長さの細切りにしてボウルに入れ、**A**を加えて混ぜる。

2 – フライパンにオリーブオイルを熱し、**1**を広げて両面を焼く。青ねぎを散らす。

大きくて裏返しにくい場合は、いったん皿に滑らせてから裏返すと簡単です。

長いものチーズガレットのアレンジ

じゃがいものチーズガレット

常備野菜のじゃがいもでももちろんおいしい

「長いものチーズガレット」の長いも 200g→じゃがいも２個にする。じゃがいもは千切りにし、同様に作る。

おつまみにも

ブロッコリーのしらすにんにく炒め

フライパンで蒸し焼きにすれば下ゆでいらず！

材料｜2人分

ブロッコリー……1株
しらす干し……30g
にんにく……大1かけ
オリーブオイル……大さじ1
赤唐辛子（輪切り）……1本
塩……少々
水……大さじ2

作り方｜調理時間 **15** 分

1 – ブロッコリーは小房に分ける。にんにくはみじん切りにする。

2 – フライパンにオリーブオイル、にんにく、赤唐辛子を弱火で熱し、香りが立ってきたらブロッコリーを加えて塩をふり、水を加えてふたをし、竹串がすっと通るまで蒸し焼きにする。しらす干しを加えて炒め合わせる。

> じっくり蒸し焼きにすることで、にんにくと赤唐辛子の香りをブロッコリーに移します。

ブロッコリーのしらすにんにく炒めのアレンジ

ブロッコリーのベーコンにんにく炒め

しらすをベーコンに替えて、うま味をプラスします

「ブロッコリーのしらすにんにく炒め」のしらす干し 30g→スライスベーコン 1 枚にする。ベーコンは 5㎜幅の短冊切りにし、同様に作る。

超カンタン

長いものポン酢しょうゆマヨソテー

油を使わずマヨネーズで！
まろやかなコクが加わります

材料｜2人分

長いも……200g
片栗粉……適量
マヨネーズ、ポン酢しょうゆ……各大さじ1

作り方｜調理時間 **10** 分

1 – 長いもは7㎜厚さの輪切りにし、全体に片栗粉をまぶす。

2 – フライパンにマヨネーズを熱し、**1**を両面焼き色が付くまで焼く。ポン酢しょうゆをかける。

> 長いもは焼くとほくほくとした食感になり、生とは違ったおいしさが楽しめます。

おつまみにも

たけのこペペロン

にんにくの香りと赤唐辛子の辛味で食欲を刺激！

材料｜2人分

たけのこ（水煮）……… 200g
にんにく……… 1かけ
オリーブオイル……… 大さじ1
赤唐辛子（輪切り）……… 1本
塩、黒こしょう……… 各少々

作り方｜調理時間 **10** 分

1 – たけのこは食べやすい大きさに切る。にんにくはみじん切りにする。
2 – フライパンにオリーブオイル、にんにく、赤唐辛子を弱火で熱し、香りが立ってきたらたけのこを加えて塩をふり、焼き色が付くまで焼く。
3 – 器に盛り、黒こしょうをふる。

弱火でじっくり熱することで、オリーブオイルににんにくと赤唐辛子の香りを移します。

たけのこペペロンのアレンジ

ほうれん草ペペロン

合わせる食材のバリエーションは無限！

「たけのこペペロン」のたけのこ（水煮）200g→ほうれん草1/2把（100g）にする。ほうれん草は5cm長さに切り（アクが気になる方は、さっとゆでて水にさらし、しぼってから）、加熱するときはしんなりするまで炒める。

作りおきにも

長ねぎのグリルマリネ

長ねぎの大量消費にもおすすめです

材料｜2人分

長ねぎ……… 1本
オリーブオイル……… 小さじ2
ポン酢しょうゆ……… 大さじ1

作り方｜調理時間 **10** 分

1 – 長ねぎは4～5cm長さに切る。
2 – フライパンにオリーブオイルを熱し、**1**を焼き色が付くまで焼く。
3 – 容器に**2**を入れ、ポン酢しょうゆをかける。

長ねぎは表面を焼いてからマリネにすると、香ばしさととろりとした食感を楽しめます。

定番

ピリ辛こんにゃく

味がしみたこんにゃくは
作りおきやお弁当にぴったり！

材料｜2人分

こんにゃく（あく抜き済み）
……1枚（250g）

A
- みりん……大さじ2
- しょうゆ……大さじ1
- 赤唐辛子（輪切り）……1本
- 削り節……1袋（1g）

作り方｜調理時間 **10** 分

1 – こんにゃくはスプーンでひと口大にちぎる。

2 – フライパンに**1**を入れて中火にかけ、2分乾煎りする。火を弱めて**A**を加え、煮からめる。

> こんにゃくはスプーンでちぎることで、表面積が増えて調味料がからみやすくなります。

超カンタン

ズッキーニのハーブチーズグリル

チーズ＆ハーブ風味で野菜をおいしく！

材料｜2人分

ズッキーニ……1本
オリーブオイル……小さじ2
にんにく（すりおろし）……少々

A
- 粉チーズ……小さじ2
- ハーブソルト……少々

作り方｜調理時間 **10** 分

1 – ズッキーニは7㎜厚さの輪切りにする。

2 – フライパンにオリーブオイル、にんにくを熱し、**1**を焼く。両面に焼き色が付いたら**A**をふる。

> ズッキーニは7㎜厚さくらいが食感とみずみずしさの両方を楽しめます。

市販の冷凍野菜で作れる副菜

皮むきやカット、下ゆでなどの下ごしらえ済みの市販の冷凍野菜なら、調理の手間が少し省けます。おいしい時期に急速凍結されているので味も栄養もベストな状態が保たれているのも魅力！

10% 20% 30%

やる気度
30%

超スピード

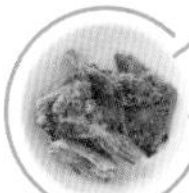

ほうれん草の カッテージチーズあえ

フレッシュチーズのあえ衣で洋風仕上げ

材料｜2人分

冷凍ほうれん草……100g

A［カッテージチーズ……50g
　 塩、こしょう……各少々

作り方｜調理時間 **5** 分

1－冷凍ほうれん草は耐熱容器に入れ、ラップをふんわりかけて電子レンジ（600W）で1分30秒加熱し、水気をしぼる。

2－ボウルに**A**を入れて混ぜ合わせ、**1**をあえる。

冷凍野菜は水っぽくなりやすいので、しっかり水気をきることがおいしく仕上げるコツです。

ほうれん草のカッテージチーズあえのアレンジ

ブロッコリーの カッテージチーズあえ

ダイエット中にうれしい
低カロリー食材の組み合わせ！

「ほうれん草のカッテージチーズあえ」の冷凍ほうれん草100g→冷凍ブロッコリー100gにする。冷凍ブロッコリーは耐熱容器に入れ、ラップをふんわりかけて電子レンジ（600W）で1分30秒加熱し、同様に作る。

定番

ほうれん草コーンバター

みんな大好きコーンバター炒め！

材料｜2人分

冷凍ほうれん草……100g
冷凍コーン……50g
スライスベーコン……1枚
バター……5g
塩、こしょう……各少々

作り方｜調理時間 5 分

1－ベーコンは1cm幅の短冊切りにする。
2－フライパンにバターを熱し、**1**、冷凍ほうれん草、冷凍コーンを炒める。塩、こしょうで味をととのえる。

ベーコンをキッチンバサミで切れば包丁＆まな板いらず！ 洗い物も少なくて済みます。

超カンタン

ほうれん草ののりあえ

パパッとできて、お弁当のすき間おかずにも◎

材料｜2人分

冷凍ほうれん草……100g

A
- 焼きのり（ちぎる）……1枚
- しょうゆ……小さじ1
- ごま油……小さじ1/2
- 砂糖……小さじ1/3

作り方｜調理時間 5 分

1－冷凍ほうれん草は耐熱容器に入れ、ラップをふんわりかけて電子レンジ（600W）で1分30秒加熱し、水気をしぼる。
2－ボウルに**A**を入れて混ぜ合わせ、**1**をあえる。

焼きのりはできるだけ細かくちぎったほうがあえやすいです。もみのりでもOK。

定番

コーンのかき揚げ風おやき

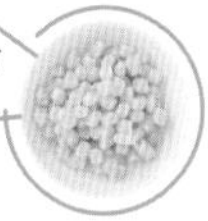

やさしい甘さで子どものおやつにもぴったり！

材料｜2人分

A
- 冷凍コーン……100g
- 薄力粉……大さじ3
- 牛乳……大さじ2
- 塩……ふたつまみ

サラダ油……適量

作り方｜調理時間 **10** 分

1 ボウルに**A**を入れて混ぜ合わせる。

2 フライパンにサラダ油を1㎝深さくらいに入れて熱し、**1**をスプーンでひと口大ずつすくって揚げ焼きにする。

コーンは冷凍のまま使います。溶けると水分が出るので、混ぜたらすぐに揚げ焼きに。

コーンのかき揚げ風おやきのアレンジ

コーンと桜えびのかき揚げ風おやき

ちょい足しするだけでうま味がアップします

「コーンのかき揚げ風おやき」の**A**に桜えび（乾燥）大さじ1を加え、同様に作る。

お弁当にも

ソーセージとコーンの カレー炒め

子ども大好き！ カレー風味が食欲をそそります

材料｜2人分

冷凍コーン……70g
ソーセージ……4本
サラダ油……適量
カレー粉……小さじ1/2
塩、こしょう……各少々

作り方｜調理時間 **5** 分

1 – ソーセージは5㎜厚さの輪切りにする。
2 – フライパンにサラダ油を熱し、**1**、冷凍コーンを炒める。カレー粉、塩、こしょうをふる。

カレー粉は全体にまぶすようにふりかけると、ダマになりません。

おつまみにも

餃子の皮で揚げない コーンチーズスティック

サクサクの皮の中からチーズがとろ～り

材料｜2人分

A ［ 冷凍コーン……50g
　　クリームチーズ……30g
餃子の皮……8枚
塩、こしょう……各少々
サラダ油……適量

作り方｜調理時間 **10** 分

1 – 耐熱容器に**A**を入れ、ラップをふんわりかけて電子レンジで30秒加熱し、塩、こしょうをふって混ぜる。
2 – 餃子の皮の手前に**1**を棒状にのせて手前から巻く。
3 – フライパンにサラダ油を熱し、**2**の巻き終わりを下に並べ、両面こんがり焼く。

冷凍コーンとクリームチーズは混ぜやすくなる程度に温めればOKです。

レンチン

かぼちゃとコーンのサラダ

子どもも大好きな甘口のサラダ

材料｜2人分

A［冷凍かぼちゃ……150g
　 冷凍コーン……50g
マヨネーズ……大さじ1
塩、こしょう……各少々
パセリ（みじん切り）……適量

作り方｜調理時間 **5** 分

1 – 耐熱容器にAを入れ、ラップをふんわりかけて電子レンジ（600W）で2分30秒加熱する。
2 – マヨネーズ、塩、こしょうを加え、かぼちゃを粗くつぶしながら混ぜる。
3 – 器に盛り、パセリを散らす。

かぼちゃをつぶすときは、ある程度形を残したほうが食べごたえがあります。

お弁当にも

ミックスベジタブルと豆腐のおやき

ふんわりもっちり！ 豆腐入りのヘルシーなおやき

材料｜2人分

冷凍ミックスベジタブル……50g
豆腐（絹ごし）……1丁（300g）
ツナ缶（水煮）……1缶（80g）
A［片栗粉……大さじ6
　塩、こしょう……各少々
オリーブオイル……適量
マヨネーズ、パセリ（みじん切り）……各少々

作り方｜調理時間 10分

1 – 冷凍ミックスベジタブルは解凍しておく。豆腐はペーパータオルで包んで水気をきる。ツナは缶汁をよくきる。
2 – ボウルに**1**、**A**を入れてよく混ぜる。
3 – フライパンにオリーブオイルを熱し、**2**を食べやすく成形し、両面をこんがり焼く。器に盛り、マヨネーズをかけ、パセリを散らす。

豆腐とツナはしっかり水気をきってから混ぜること。生地が扱いやすくなります。

おもてなしにも

ミックスベジタブルで簡単スパニッシュオムレツ

大勢で切り分けて食べてもOK

材料｜2人分

冷凍ミックスベジタブル……100g
スライスベーコン……1枚
卵……2個
牛乳……大さじ2
オリーブオイル、トマトケチャップ
……各適量
塩、こしょう……各少々

作り方｜調理時間 10分

1 – ベーコンは1cm幅の短冊切りにする。
2 – ボウルに卵を割り入れて溶きほぐし、牛乳を加える。
3 – フライパンにオリーブオイル少々を中火で熱し、ベーコン、冷凍ミックスベジタブルを炒める。塩、こしょうをふり、**2**に加えて混ぜる。
4 – **3**のフライパンにオリーブオイル少々を熱し、卵液を流し入れて軽く混ぜ、ふたをして弱めの中火で両面焼く。食べやすく切って器に盛り、トマトケチャップを添える。

具材は一度取り出すことで、卵液を入れたときに裏返しやすくなります。

定番

ブロッコリーの白あえ

ごまの風味のなめらかなあえ衣で
ブロッコリーをおいしく！

材料｜2人分

冷凍ブロッコリー……150g
豆腐（絹ごし）……1/3丁（100g）
A
- 白すりごま……大さじ1
- しょうゆ……小さじ1
- 砂糖……小さじ1/2

作り方｜調理時間 **5** 分

1 – 冷凍ブロッコリーは耐熱容器に入れ、ラップをふんわりかけて電子レンジ（600W）で2分加熱し、水気をきる。豆腐はペーパータオルで包んで水気をきる。

2 – ボウルに**A**、豆腐を入れて混ぜ合わせ、ブロッコリーをあえる。

具材の水気をしっかりきってからあえることで、時間がたっても味がぼやけません。

超カンタン

ブロッコリーのカレーチーズあえ

クリームチーズでカレーがまろやか！

材料｜2人分

冷凍ブロッコリー……150g
A
- クリームチーズ……30g
- カレー粉……小さじ1/3
- 塩、こしょう……各少々

作り方｜調理時間 **5** 分

1 – 冷凍ブロッコリーは耐熱容器に入れ、ラップをふんわりかけて電子レンジ（600W）で2分加熱し、水気をきる。

2 – ボウルに**A**を入れて混ぜ合わせ、**1**をあえる。

熱いうちにあえることで、チーズが溶けて味がからみやすくなります。

定番

オクラとまぐろの とろろあえ

オクラ×とろろのネバネバコンビがまぐろに合う！

材料｜2人分

冷凍オクラ……60g
まぐろ（刺身用・さく）、長いも……各100g
練りわさび、しょうゆ……各適量

作り方｜調理時間 **5** 分

1 − 冷凍オクラは耐熱容器に入れ、ラップをふんわりかけて電子レンジ（600W）で1分加熱する。まぐろはサイコロ状に切る。長いもはすりおろす。

2 − 器に**1**を盛り、わさびを添えて、しょうゆをかける。

オクラとまぐろ、とろろを混ぜ合わせて召し上がれ。ご飯にのせて丼にするのもおすすめです。

超カンタン

オクラとチーズの おかかあえ

カット済みの冷凍オクラならあっという間に完成！

材料｜2人分

冷凍オクラ……60g
プロセスチーズ……3個（45g）
A ┌ 削り節……1袋（1g）
　 └ しょうゆ……小さじ1

作り方｜調理時間 **5** 分

1 − 冷凍オクラは耐熱容器に入れ、ラップをふんわりかけて電子レンジ（600W）で1分加熱する。チーズは小さめのサイコロ状に切る。

2 − ボウルに**A**を入れて混ぜ合わせ、**1**をあえる。

冷凍オクラは自然解凍OKのものが多いので、その場合はレンジ加熱をせずに自然解凍でも大丈夫です。

作りおきにも

ごぼうとささみのごまみそサラダ

マヨネーズとみそでコクのあるごぼうサラダに

材料｜2人分

冷凍ごぼう……80g
鶏ささみ……1本（50g）
A 酒……小さじ1
A 塩……少々
B 白すりごま、マヨネーズ……各大さじ1
B みそ……小さじ1
B 塩、こしょう……各少々

作り方｜調理時間 **10** 分

1 – 冷凍ごぼうは耐熱容器に入れ、ラップをふんわりかけて電子レンジ（600W）で1分30秒加熱する。
2 – 鶏ささみは全体をフォークで刺し、耐熱容器に入れて**A**をふり、ラップをふんわりかけて電子レンジで2分加熱し、粗熱が取れたらほぐす。
3 – ボウルに**B**を入れて混ぜ合わせ、**1**、**2**をあえる。

鶏ささみはごぼうに合わせて細かくほぐすことで、見た目も仕上がりもよくなります。

こってり味

ごぼうの甘辛炒め

こってり甘じょっぱい味付けに箸が止まらない！

材料｜2人分

冷凍ごぼう……150g
片栗粉……大さじ1
ごま油……小さじ2
A しょうゆ、みりん……各小さじ2
A 砂糖……小さじ1
白いりごま……小さじ1
糸唐辛子（あれば）……少々

作り方｜調理時間 **5** 分

1 – 冷凍ごぼうに片栗粉をまぶす。
2 – フライパンにごま油を熱し、**1**を炒める。火が通ったら**A**を加え、白いりごまをふって炒め合わせる。
3 – 器に盛り、あれば糸唐辛子をのせる。

凍ったままのごぼうに片栗粉をまぶすのがコツ。解凍するとベタベタになるので注意しましょう。

レンチン

枝豆とコーンのチーズあえ

冷凍野菜３種はまとめてレンチンでラクチン！

材料｜２人分

冷凍枝豆（さやなし）、冷凍ブロッコリー
……各100g
冷凍コーン……50g
クリームチーズ……30g
A
- オリーブオイル、レモン汁……各小さじ1
- 砂糖……小さじ1/2
- 塩、こしょう……各少々

作り方｜調理時間**５**分

1－冷凍枝豆、冷凍ブロッコリー、冷凍コーンは耐熱容器に入れ、ラップをふんわりかけて電子レンジ（600W）で３～４分加熱する。
2－チーズは耐熱容器に入れ、ふんわりとラップをかけて電子レンジで20秒加熱し、やわらかくする。**A**を加えて混ぜる。
3－**2**に**1**をあえる。

さや付きの冷凍枝豆を使う場合は、解凍してから実を取り出してください。

おつまみにも

枝豆のガーリック炒め

ガツンとうまいガーリック風味で
ビールがすすみます

材料｜２人分

冷凍枝豆（さや付き）……200g
にんにく……大1かけ
オリーブオイル……小さじ2
赤唐辛子（輪切り）……1本
黒こしょう……適量

作り方｜調理時間**５**分

1－にんにくはみじん切りにする。
2－フライパンにオリーブオイル、**1**、赤唐辛子を弱火で熱し、香りが立ってきたら冷凍枝豆を加えて中火で炒める。全体に火が通ったら黒こしょうをふる。

枝豆は冷凍のままフライパンに入れてOK。解凍しながら味をからめていきます。

超カンタン

里いもの明太マヨグラタン

ねっちり食感の里いもと明太ソースがマッチ

材料｜2人分

冷凍里いも……200g
A
- 明太子（薄皮から中身を出してほぐす）……1本（1/2腹）
- マヨネーズ……大さじ1
- 牛乳……大さじ1/2

ピザ用チーズ、パセリ（みじん切り）……各適量

作り方｜調理時間15分

1 – 冷凍里いもは耐熱容器に入れ、ラップをふんわりかけて電子レンジ（600W）で2分加熱する。食べやすい大きさに切って、耐熱容器に戻す。

2 – ボウルに**A**を入れて混ぜ合わせ、**1**にかけ、チーズをのせてオーブントースター（1000W）で8～10分、焼き色が付くまで焼く。パセリを散らす。

オーブントースターで焼いて仕上げるので、里いもは完全に解凍しきれていなくてもOK。

作りおきにも

里いもとベーコンのポテトサラダ

見栄えのするデリ風サラダも冷凍野菜で手軽に！

材料｜2人分

冷凍里いも……100g
冷凍ブロッコリー……40g
スライスベーコン……1枚（18g）
A
- マヨネーズ……小さじ2
- オリーブオイル……小さじ1/2
- 塩、黒こしょう……各少々

粉チーズ……小さじ2

作り方｜調理時間10分

1 – 冷凍里いも、冷凍ブロッコリーは耐熱ボウルに入れ、ラップをふんわりかけて電子レンジ（600W）で3分加熱する。ベーコンは1cm幅の短冊切りにし、ペーパータオルではさんで電子レンジで1分加熱する。

2 – 里いもは熱いうちに粗くつぶして**A**を加えて混ぜ、取り出しておいたブロッコリー、ベーコンを加えて混ぜる。

3 – 器に盛り、粉チーズをふる。

皮むきが大変な里いもは下ごしらえに手間がかかるので、冷凍野菜があると便利です。

副菜のタレ＆ソース

生野菜やゆでた野菜にかけるだけで
おいしい一品ができ上がる
簡単タレ＆ソースです。

※保存するときは、保存容器に移し、
温かいものはよく冷ましてから冷蔵庫に入れてください。
保存期間の目安は2〜3日です。

ねぎ塩ダレ

ねぎとごま油の風味が
食欲をそそります

材料｜作りやすい分量

長ねぎ（みじん切り）……1本

A
- ごま油、鶏がらスープの素（顆粒）……各小さじ2
- 白いりごま……小さじ1
- にんにく（すりおろし）……小さじ1/2
- 塩、黒こしょう……各少々

作り方｜調理時間 **5** 分（おく時間は除く）

ボウルに**A**を入れて混ぜ合わせ、長ねぎを入れて混ぜ、20分以上おく。

ゆでキャベツのねぎ塩ダレがけ

ざく切りにしてさっとゆでたキャベツ2枚（120g）に、ねぎ塩ダレ大さじ2をかける。※材料は2人分です。

☺ 鶏ハム**にかけても。**

パクチーダレ

かければエスニック
風味になる魔法ダレ

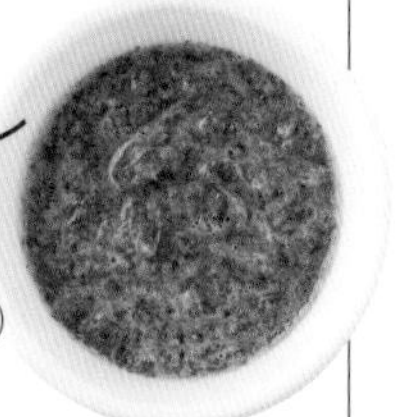

材料｜作りやすい分量

- パクチー……2株（20g）
- ナンプラー……大さじ1
- レモン汁……小さじ2
- 砂糖、サラダ油……各小さじ1
- 赤唐辛子（輪切り）……1本

作り方｜調理時間 **3** 分

ミキサーまたはブレンダーに材料をすべて入れ、攪拌する。

ゆでもやしのパクチーダレがけ

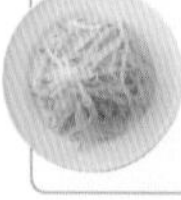

さっとゆでたもやし1/2袋(100g)に、パクチーダレ大さじ2をかける。※材料は2人分です。

☺ サラダチキン**にかけても。**

にらダレ

にらを刻んで混ぜるだけ
のスタミナダレ

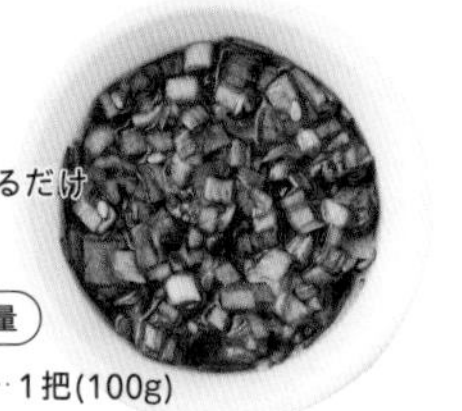

材料｜作りやすい分量

にら（5㎜幅に切る）……1把(100g)

A
- しょうゆ……大さじ3
- 酢……大さじ2
- 砂糖……大さじ1
- ごま油、白いりごま……各小さじ1
- にんにく（すりおろし）……小さじ1/2

作り方｜調理時間 **5** 分（おく時間は除く）

ボウルに**A**を入れて混ぜ合わせ、にらを入れて混ぜ、20分以上おく。

ゆでもやしのにらダレがけ

さっとゆでたもやし1/2袋（100g）に、にらダレ大さじ2をかける。※材料は2人分です。

☺ 豆腐、豚しゃぶ**にかけても。**

チーズソース

とろとろ & 濃厚で
やみつき!

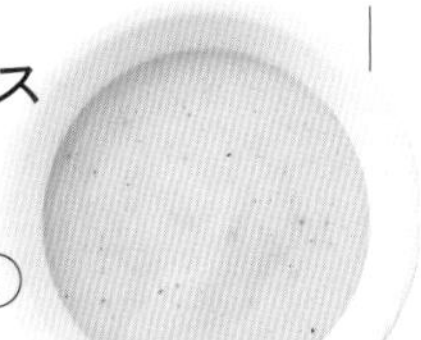

材料|作りやすい分量

ピザ用チーズ…50g
牛乳…50mℓ
バター…5g
コーンスターチ(なければ片栗粉)
…小さじ1/2
塩、こしょう、ナツメグ(あれば)…各少々

作り方|調理時間 5 分

鍋に材料をすべて入れて混ぜ、弱火にかける。チーズが溶けるまで加熱する。冷めるとチーズがかたまるので、使うときは電子レンジで温める。

トマトのチーズソースがけ

半月切りにしたトマト1個(150g)に、チーズソース大さじ2をかける。※材料は2人分です。
☺ ゆでたじゃがいも**にかけても。**

ハニーマスタードソース

料理をおしゃれに
グレードアップ!

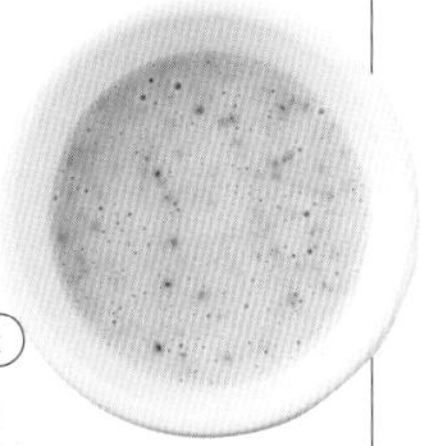

材料|作りやすい分量

マヨネーズ…大さじ2
粒マスタード…大さじ1
はちみつ…小さじ1
しょうゆ…小さじ1/2

作り方|調理時間 3 分

ボウルに材料をすべて入れ、よく混ぜる。

アボカドのハニーマスタードソースがけ

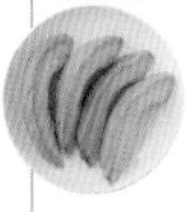

くし形切りにしたアボカド大1/2個(150g)に、ハニーマスタードソース大さじ2をかける。※材料は2人分です。
☺ チキンソテー**にかけても。**

肉みそダレ

コーンスターチ使用で
冷めてもとろみが!

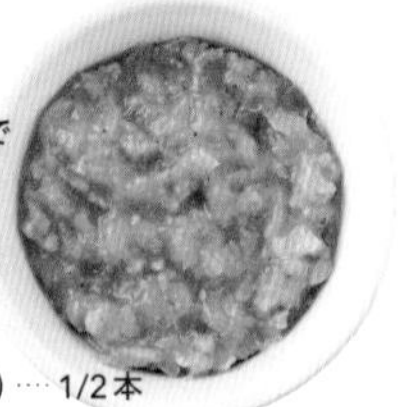

材料|作りやすい分量

A
豚ひき肉…100g
長ねぎ(みじん切り)…1/2本
にんにく(みじん切り)、
しょうが(みじん切り)…各1かけ

ごま油…小さじ1

B
みそ、酒、みりん…各大さじ1
砂糖、しょうゆ…各小さじ1

C
コーンスターチ(なければ片栗粉)
…小さじ1
水…50mℓ

作り方|調理時間 10 分

1-フライパンにごま油を熱し、Aを炒める。
2-全体に火が通ったらBを加えてからめ、混ぜ合わせたCを加えてとろみを付ける。

ゆでキャベツの肉みそダレがけ

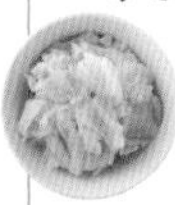

ざく切りにしてさっとゆでたキャベツ2枚(120g)に、肉みそダレ大さじ2をかける。※材料は2人分です。
☺ 豆腐**にかけても。**

韓国風ピリ辛ダレ

コチュジャンでうま辛!
あっさりしたものと相性◎

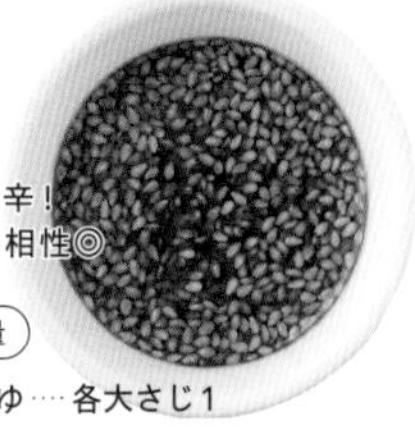

材料|作りやすい分量

コチュジャン、しょうゆ…各大さじ1
砂糖…小さじ2
酢、ごま油、白いりごま…各小さじ1
にんにく(すりおろし)…小さじ1/2

作り方|調理時間 3 分

ボウルに材料をすべて入れ、よく混ぜる。

ゆでキャベツの韓国風ピリ辛ダレがけ

ざく切りにしてさっとゆでたキャベツ2枚(120g)に、韓国風ピリ辛ダレ大さじ2をかける。※材料は2人分です。
☺ ゆで豚、チヂミ**にかけても。**

中華風ねぎソース

しょうがもみじん切りに！
食感がよいアクセントに

材料｜作りやすい分量

長ねぎ（みじん切り）…1/2本
しょうが（みじん切り）…1かけ
しょうゆ…大さじ2
ごま油、酢、砂糖…各大さじ1
白いりごま…小さじ1
赤唐辛子（輪切り）…1本

作り方｜調理時間 **5** 分

ボウルに材料をすべて入れ、よく混ぜる。

ゆでもやしの中華風ねぎソースがけ

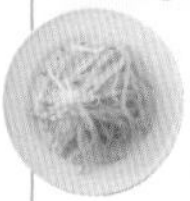

さっとゆでたもやし1/2袋(100g)に、中華風ねぎソース大さじ2をかける。※材料は2人分です。

☺ ゆで卵**にかけても。**

甘辛玉ねぎソース

しょうがやにんにくを
足してアレンジも可能

材料｜作りやすい分量

玉ねぎ（すりおろす）…1/2個
しょうゆ、みりん…各大さじ2
酢…大さじ1
砂糖…大さじ1/2
こしょう…少々

作り方｜調理時間 **5** 分

鍋に材料をすべて入れて火にかけ、ひと煮立ちさせる。

ゆでキャベツの甘辛玉ねぎソースがけ

ざく切りにしてさっとゆでたキャベツ2枚（120g）に、甘辛玉ねぎソース大さじ2をかける。※材料は2人分です。

☺ ステーキ**にかけても。**

バジルソース

みずみずしい香りは
自家製ソースならでは！

材料｜作りやすい分量

バジル…30g
にんにく…1かけ
くるみ…2～3粒（10g）
オリーブオイル…大さじ3
粉チーズ…大さじ1
塩…少々

作り方｜調理時間 **3** 分

ミキサーまたはブレンダーに材料をすべて入れ、撹拌する。

トマトのバジルソースがけ

半月切りにしたトマト1個（150g）に、バジルソース大さじ2をかける。※材料は2人分です。

☺ パスタ**にあえても。**

トマトソース

幅広い料理に使える
定番のトマトソース

材料｜作りやすい分量

トマト缶（カット）…1缶（400g）
玉ねぎ（みじん切り）…1/2個
にんにく（みじん切り）…1かけ
オリーブオイル…小さじ2
塩、こしょう…各少々
ローリエ…1枚

作り方｜調理時間 **15** 分

1－フライパンにオリーブオイル、にんにくを熱し、玉ねぎを炒める。

2－トマト缶、ローリエを加えて10分煮て、塩、こしょうで味をととのえる。

アボカドのトマトソースがけ

くし形切りにしたアボカド（大）1/2個（150g）に、トマトソース大さじ2をかける。※材料は2人分です。

☺ パスタ**にあえても。**

サルサソース

風味が飛ぶので
煮詰めすぎないで

材料｜作りやすい分量

トマト（種を除いて1cm角切り）、
ピーマン（みじん切り）…… 各1個
玉ねぎ（みじん切り）…… 1/4個
サラダ油 …… 小さじ2
にんにく（すりおろし）、チリパウダー …… 各小さじ1
塩 …… 少々
A［ レモン汁、砂糖 …… 各小さじ1

作り方｜調理時間 10 分

1 – フライパンにサラダ油を熱し、玉ねぎ、にんにくを炒める。しんなりしてきたら塩、チリパウダーを加えて軽く炒め合わせる。

2 – トマト、ピーマンを加えて弱火で3分煮る。トマトをつぶすようにして混ぜ、Aを加えてさっと混ぜる。

アボカドのサルサソースがけ

くし形切りにしたアボカド（大）1/2個（150g）に、サルサソース大さじ2をかける。※材料は2人分です。
☺ チキンソテーにかけても。

バルサミコソース

豊潤な香りと甘みが
高級感のあるソース

材料｜作りやすい分量

バルサミコ酢 …… 大さじ4
はちみつ …… 大さじ1
しょうゆ …… 大さじ1/2

作り方｜調理時間 5 分

鍋に材料をすべて入れて弱火にかけ、とろみが付くまで煮詰める。

トマトのバルサミコソースがけ

半月切りにしたトマト1個（150g）に、バルサミコソース大さじ2をかける。※材料は2人分です。
☺ モッツァレラチーズにかけても。

クリーミーカレーソース

クリームチーズ入りの
マイルドなカレーソース

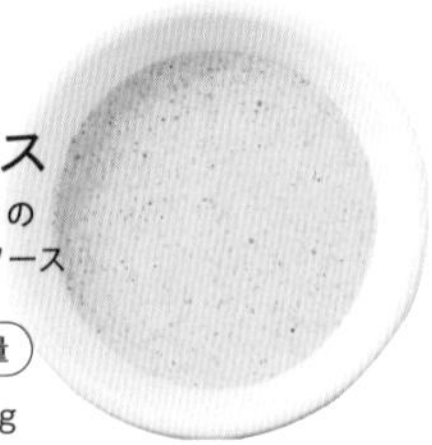

材料｜作りやすい分量

クリームチーズ …… 30g
A
- 牛乳 …… 大さじ1と1/2
- カレー粉 …… 小さじ1/2
- 塩、こしょう …… 各少々

作り方｜調理時間 3 分

1 – 耐熱ボウルにチーズを入れ、電子レンジ（600W）で20秒加熱する。

2 – 1にAを加えて、混ぜる。冷めるとチーズがかたまるので、使うときは牛乳を少量加えるか電子レンジで温める。

アボカドのクリーミーカレーソースがけ

くし形切りにしたアボカド（大）1/2個（150g）に、クリーミーカレーソース大さじ2をかける。※材料は2人分です。
☺ ゆでたじゃがいもにかけても。

ゆずこしょうソース

香りとピリッとした
刺激がくせになる！

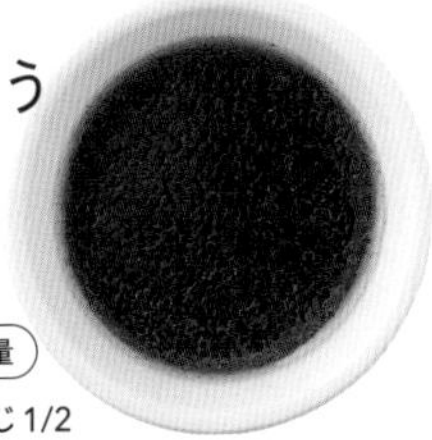

材料｜作りやすい分量

ゆずこしょう …… 大さじ1/2
しょうゆ、酢 …… 各大さじ1
砂糖 …… 小さじ2
サラダ油 …… 小さじ1

作り方｜調理時間 3 分

ボウルに材料をすべて入れ、よく混ぜる。時間がたつと油分が分離するので、使うときは再度よく混ぜる。

ゆでもやしのゆずこしょうソースがけ

さっとゆでたもやし1/2袋（100g）に、ゆずこしょうソース大さじ2をかける。※材料は2人分です。
☺ ステーキにかけても。

魚介缶詰で作れる副菜

魚介を使った料理は
食べたいけれど下ごしらえが面倒……。
そんな人でも缶詰を使えば、
気軽に魚介料理が楽しめます。
アレンジしやすい
水煮タイプがおすすめです。

超カンタン

さばとトマトのレンジ煮

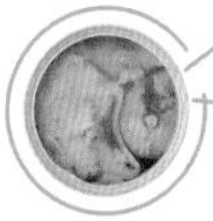
さば缶

**さばとトマトの相性は抜群！
レンジン3分で完成**

材料｜2人分

さば缶（水煮）……1缶（190g）

A
- トマト缶（カット）……1/4缶（100g）
- みそ……小さじ1
- コンソメ（顆粒）、にんにく（すりおろし）……各小さじ1/2

粉チーズ……小さじ1

作り方｜調理時間**5**分

1 ‐ さばは缶汁をきり、粗くほぐして耐熱容器に入れる。

2 ‐ **A**を加えて混ぜ、ラップをふんわりかけて電子レンジ（600W）で3分加熱する。

3 ‐ 器に盛り、粉チーズをふる。

大きめにほぐすと存在感が出て食べごたえアップ。細かくしてパンにのせるのもおすすめ。

さっぱり味

さばと玉ねぎの おかかポン酢

しっとりしたさばと
シャキシャキ玉ねぎのハーモニー♪

材料｜2人分

さば缶（水煮）……… 1缶（190g）
玉ねぎ……… 1/2個
ポン酢しょうゆ……… 大さじ1と1/2
削り節……… 1袋（1g）
青ねぎ（小口切り）……… 適量

作り方｜調理時間 10 分

1－ 玉ねぎは薄切りにして水に5分さらし、辛味が抜けたら水気をしぼる。
2－ さばは缶汁をきって器に盛り、**1**をのせる。ポン酢しょうゆ、削り節をかけ、青ねぎを散らす。

味付けがシンプルなので、食材の水気はしっかりきりましょう。

さばと玉ねぎのおかかポン酢のアレンジ

ツナと玉ねぎのおかかポン酢

もちろんツナ缶でもおいしく作れます

「さばと玉ねぎのおかかポン酢」のさば缶（水煮）1缶（190g）→ツナ缶（水煮）2缶（160g）にする。ツナは缶汁をきり、同様に作る。

超スピード

さばとキムチのマヨあえ

キムチの酸味とうま味で
魚も食べやすい！

材料｜2人分

さば缶（水煮）……… 1缶（190g）
A ┌ 白菜キムチ……… 40g
　│ マヨネーズ……… 小さじ2
　└ めんつゆ（3倍濃縮）……… 小さじ1
青ねぎ（小口切り）……… 適量

作り方｜調理時間 3 分

1－ さばは缶汁をきり、粗くほぐす。
2－ ボウルに**A**を入れて混ぜ合わせ、**1**をあえる。
3－ 器に盛り、青ねぎを散らす。

さばは缶汁をしっかりきると、味がぼやけません。

さばとキムチのマヨあえのアレンジ

さばみそとキムチのマヨあえ

さば缶のみそ煮を活用すれば、さらにお手軽！

「さばとキムチのマヨあえ」のさば缶（水煮）1缶（190g）→さば缶（みそ煮）1缶（190g）にする。さばは缶汁をきらずにそのまま使い、**A**のめんつゆ（3倍濃縮）小さじ1は入れない。

定番

中華風ツナサラダ

もやしはレンチンで！
ツナのうま味が効いた中華風サラダ

材料 | 2人分

ツナ缶（水煮）……1缶（80g）
きゅうり……1/2本
もやし……1/2袋（100g）

A
- 酢……大さじ1と1/2
- しょうゆ、砂糖……各小さじ1
- 鶏がらスープの素（顆粒）、ごま油……各小さじ1/2
- 白いりごま……適量

作り方 | 調理時間 10分

1 – きゅうりは千切りにする。もやしは耐熱容器に入れ、ラップをふんわりかけて電子レンジ（600W）で1分30秒加熱し、水気をきる。ツナは缶汁をきる。

2 – ボウルに**A**を入れて混ぜ合わせ、**1**をあえる。

もやしは水気をしっかりきり、粗熱を取ってからあえましょう。

中華風ツナサラダのアレンジ

中華風ツナと春雨のサラダ

みんな大好き春雨サラダにアレンジ！

「中華風ツナサラダ」のもやし1/2袋（100g）→春雨40gにする。春雨は熱湯に3分浸けて戻し、冷水にさっとさらして水気をよくきり、食べやすい長さに切り、同様に作る。

作りおきにも

ツナと玉ねぎのゆずこしょうマリネ

ゆずこしょうをピリッと効かせて大人の味に！

材料 | 2人分

ツナ缶（水煮）……1缶（80g）
玉ねぎ……1/2個

A
- オリーブオイル、しょうゆ、酢……各小さじ1
- ゆずこしょう、砂糖……各小さじ1/2

作り方 | 調理時間 10分

1 – 玉ねぎは薄切りにして水に5分さらし、辛味が抜けたら水気をしぼる。ツナは缶汁をきる。

2 – ボウルに**A**を入れて混ぜ合わせ、**1**をあえる。

辛いのが好きな方は、ゆずこしょうの量を増やしてください。

ツナと玉ねぎのゆずこしょうマリネのアレンジ

ツナと玉ねぎのマスタードマリネ

ほのかな酸味の粒マスタードが味のアクセント

「ツナと玉ねぎのゆずこしょうマリネ」の**A**のゆずこしょう小さじ1/2→粒マスタード小さじ1にし、同様に作る。

おもてなしにも

ほたてとかぶのカルパッチョ

ほたてとかぶを彩りよく盛り付けた、華やかなひと皿

材料｜2人分

ほたて缶………1缶（70g）
かぶ………1個
玉ねぎ………1/4個
塩………少々
A　レモン汁、オリーブオイル………各小さじ1
　　こしょう………少々

作り方｜調理時間10分

1－玉ねぎは薄切りにして水に5分さらし、辛味が抜けたら水気をしぼる。
2－かぶは横に薄切りにして塩をふり、ペーパータオルで水気をふく。茎は刻んで塩をふり、水気をしぼる。
3－ボウルに**A**を入れて混ぜ合わせ、ほたてを缶汁ごと加えて混ぜる。
4－皿に**1**を広げ、かぶを並べて**3**を盛り、茎を散らす。

ほたてのうま味たっぷりの缶汁ごと使って。シンプルな味付けがかぶの甘みを引き出します。

ほたてとかぶのカルパッチョのアレンジ

しらすとかぶのカルパッチョ

リーズナブルなしらすを使って！

「ほたてとかぶのカルパッチョ」のほたて缶1缶（70g）→しらす干し大さじ2にし、同様に作る。

定番

キャベツのあさり蒸し

あさりのうま味がしみ込んだキャベツが絶品！

材料｜2人分

あさり缶……1缶（130g）
キャベツ……1/4個（300g）
にんにく……1かけ
赤唐辛子（輪切り）……1本
酒……大さじ2
黒こしょう……適量

作り方｜調理時間 10分

1 – キャベツはざく切り、にんにくは薄切りにする。
2 – フライパンに**1**、あさりを缶汁ごと、赤唐辛子、酒を入れ、ふたをして弱火で熱し、キャベツがやわらかくなるまで5分蒸す。
3 – 器に盛り、黒こしょうをふる。

うま味たっぷりの缶汁ごと使ってキャベツを蒸し煮に。塩気が足りない場合は塩を加えてください。

キャベツのあさり蒸しのアレンジ

白菜のあさり蒸し

くたくたになった白菜の甘みがじわ～り

「キャベツのあさり蒸し」のキャベツ 1/4個（300g）→白菜 300g にする。白菜はざく切りにし、同様に作る。

魚肉練り製品で作れる副菜

そのまま食べてもおいしい
魚肉練り製品は加熱調理済みだから、
手早く一品作れる便利な食材です。
食べごたえもあるので、
満足感のある副菜が簡単に作れます。

10%
20%
30%
やる気度
30%

おつまみにも

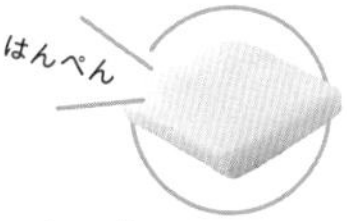

明太
バターはんぺん

香ばしく焼いたはんぺんに明太バターがジュワジュワ～

材料｜2人分

はんぺん……1枚

A
- 明太子（薄皮から中身を出してほぐす）……1本（1/2腹）
- バター……少々
- 黒こしょう……適量

青ねぎ（小口切り）……適量

作り方｜調理時間**5**分

1 – はんぺんは食べやすい大きさの角切りにする。フライパンを熱し、全体を焼いて（焦げ付きそうなら少量の油をひく）火を止める。

2 – **1**に**A**を加えて混ぜる。

3 – 器に盛り、青ねぎを散らす。

明太子に火が通りすぎないように、フライパンの火を止めてから加えましょう。

おつまみにも

のりチーズはんぺん

3つの材料で作れる手軽さがうれしい！

材料｜2人分

はんぺん、スライスチーズ……各1枚
焼きのり……1/2枚

作り方｜調理時間5分

1－はんぺんは半分に切り、厚みの中央に切り込みを入れてポケットを作る。

2－のり、チーズは半分に切って、**1**のポケットに折りたたんではさむ。

3－フライパンを熱し、**2**を両面に焼き色が付くまで焼く（焦げ付きそうなら少量の油をひく）。

長時間加熱するとポケットからチーズが溶け出るので、両面に焼き色が付けばOKです。

のりチーズはんぺんのアレンジ

明太マヨはんぺん

明太マヨがはんぺんのほのかな甘みに合う！

「のりチーズはんぺん」のスライスチーズ1枚、焼きのり1/2枚→明太子1本（1/2腹）、マヨネーズ小さじ1にする。明太子は薄皮から中身を出してほぐしてマヨネーズと混ぜ、はんぺんのポケットに詰め、同様に作る。

お弁当にも

はんぺんとコーンのふわもち焼き

ふわふわソフトな食感と甘さは
子どものおやつにも◎

材料｜2人分

はんぺん……1枚
A［ホールコーン缶（缶汁をきる）……50g
　 片栗粉……大さじ1
バター……5g
しょうゆ……小さじ1/2

作り方｜調理時間 10 分

1－ポリ袋にはんぺんを入れ、麺棒でたたいてつぶす。Aを加えて混ぜ、6～8等分して丸く形をととのえる。
2－フライパンにバターを熱し、1を両面焼く。仕上げにしょうゆを回し入れる。

コーンは缶詰でも冷凍でもどちらでもOKです。

はんぺんとコーンのふわもち焼きのアレンジ

はんぺんとコーンとチーズのふわもち焼き

チーズをプラスして、さらにおいしく！

「はんぺんとコーンのふわもち焼き」のAに角切りにしたプロセスチーズ2個（30g）を加え、同様に作る。

おつまみにも

はんぺんとえびのエスニック焼き

はんぺんふわふわ＆えびプリプリの
ひと口おつまみ

材料｜2人分

はんぺん……1枚
むきえび……150g
A［卵……1/2個
　 片栗粉、酒……各大さじ1
　 塩……ふたつまみ
　 パクチー（みじん切り）……適量
サラダ油、パクチー（ちぎる）、
　スイートチリソース……各適量

作り方｜調理時間 15 分

1－ポリ袋にはんぺん、えびを入れ、麺棒でたたいてつぶす。Aを加えてよくもみ込む。
2－フライパンにサラダ油を深さ1㎝くらい入れて熱し、1をスプーンですくってフライパンの縁から静かに落として両面揚げ焼きにする。
3－皿に盛り、パクチー、スイートチリソースを添える。

冷凍むきえびを使用する場合は、水に3～5分浸けて表面の氷を取ってから使いましょう。

超カンタン

明太マヨちくわ

貝割れ菜のピリッとした辛味と
明太マヨのコクがマッチ

材料｜2人分

ちくわ……2本
貝割れ菜……適量
A ┌ 明太子（薄皮から中身を出してほぐす）……1本（1/2腹）
　 └ マヨネーズ……小さじ1

作り方｜調理時間 **5** 分

1 – ちくわは8㎜厚さの輪切りにする。貝割れ菜は長さを3等分に切る。
2 – ボウルに**A**を入れて混ぜ合わせ、**1**をあえる。

明太子はひと口大に切って冷凍しておくと、少し使いたいときに使えて便利です。

明太マヨちくわのアレンジ

明太マヨのりちくわ

のりで磯の香りをプラスしても美味

「明太マヨちくわ」の**A**にちぎった焼きのり 1/4枚を加え、同様に作る。

お弁当にも

チーズコーンちくわ

ちくわの穴を利用してボード形に

材料｜2人分

ちくわ……2本
ホールコーン缶（または冷凍）……大さじ1
ピザ用チーズ……10g
黒こしょう……適量

作り方｜調理時間 **10** 分

1 – ちくわは縦半分に切ってから長さを半分に切る。コーンは缶汁をきる。
2 – ちくわのくぼみにコーン、チーズをのせる。天板にのせ、オーブントースター（1000W）で4分、チーズが溶けるまで焼く。
3 – 器に盛り、黒こしょうをふる。

半分に切らなくてもOK。よりボートのようなかわいい見た目になります。

チーズコーンちくわのアレンジ

チーズ枝豆ちくわ

コーンの代わりに緑の枝豆をのせても！

「チーズコーンちくわ」のホールコーン缶（または冷凍）大さじ1→冷凍枝豆（さやなし）10gにする。冷凍枝豆は耐熱容器に入れ、ラップをふんわりかけて電子レンジ（600W）で30秒加熱し、同様に作る。

お弁当にも

魚肉ソーセージとゆで卵とブロッコリーのサラダ

定番サラダを魚肉ソーセージでボリュームアップ！

材料｜2人分

魚肉ソーセージ……1本
ゆで卵……1個
ブロッコリー……1/2株
A ┌ マヨネーズ……大さじ1と1/2
　│ プレーンヨーグルト……大さじ1
　└ 塩、黒こしょう……各少々

作り方｜調理時間 15 分

1 – ブロッコリーは小房に分ける。鍋に湯を沸かし、塩少々（分量外）を入れ、ゆでてザルに上げ、粗熱を取る。
2 – 魚肉ソーセージ、ゆで卵は食べやすい大きさに切る。
3 – ボウルに**A**を入れて混ぜ合わせ、**1**、**2**をあえる。

すべての食材を同じサイズ感にすると、見栄えよく仕上がると思います。

おもてなしにも

魚肉ソーセージとミニトマトとチーズのピンチョス

コロンとかわいいフィンガーフードはパーティーにおすすめ！

材料｜2人分

魚肉ソーセージ……1本
ミニトマト……6個
スライスチーズ……1枚
塩、こしょう……各少々
オリーブオイル……適量

作り方｜調理時間 5 分

1 – 魚肉ソーセージは1㎝厚さの輪切りにする。ミニトマトは半分、チーズは12等分に切る。
2 – ミニトマトでチーズ2切れ、魚肉ソーセージ1切れをはさんでピックで刺す。塩、こしょうをふり、オリーブオイルをかける。

魚肉ソーセージは少し余ってしまうので、その場合は食べちゃってください（笑）。

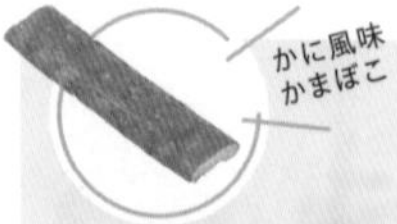

超スピード

かに風味かまぼこのもずく酢あえ

味付けはもずく酢におまかせ！ 失敗なしのスピード副菜

材料｜2人分

かに風味かまぼこ……2本
きゅうり……1/2本
もずく（味付き）……2パック

作り方｜調理時間 **3** 分

1－かに風味かまぼこは細かく裂く。きゅうりは千切りにする。
2－ボウルにもずくを入れ、**1**をあえる。

きゅうりは細く切ると、かに風味かまぼことももずくがからんでいっそうおいしくなります。

おつまみにも

かまぼこの梅しそサンド

日本酒のアテにしたい、粋な一品

材料｜2人分

かまぼこ……1本
梅干し……2個
大葉……2枚

作り方｜調理時間5分

1－かまぼこは8等分に切り、厚みの中央に切り込みを入れてポケットを作る。梅干しは種を除いて果肉をたたく。大葉は4等分に切る。

2－かまぼこのポケットに大葉、梅肉を等分にはさむ。

切り込みを入れるときは、切りすぎて穴をあけないように注意しましょう。

おつまみにも

さつま揚げのスイートチリソースあえ

スイートチリソースとナンプラーでエスニックに変身！

材料｜2人分

さつま揚げ……100g
紫玉ねぎ……1/8個
パクチー……適量
A［スイートチリソース……大さじ2
　 ナンプラー……小さじ1/2

作り方｜調理時間 10分

1 − 紫玉ねぎは薄切りにして水に5分さらし、辛味が抜けたら水気をしぼる。さつま揚げは8㎜厚さに切る。パクチーは3㎝長さに切る。
2 − ボウルにAを入れて混ぜ合わせ、さつま揚げをあえる。
3 − 器に紫玉ねぎを敷き、2、パクチーを順にのせる。

水にさらした紫玉ねぎは、ペーパータオルで包んで水分をしっかりしぼりましょう。

さつま揚げの
スイートチリソースあえのアレンジ

さつま揚げの スイートチリソースマヨあえ

スイートチリソースと
マヨネーズの相性は抜群！

「さつま揚げのスイートチリソースあえ」のAのスイートチリソース大さじ2→スイートチリソース、マヨネーズ各大さじ1にし、同様に作る。

PART 3

肌や体に気を配りたい！

ヘルシー副菜

肌や体の健康に役立つヘルシーなおかずです。
ビタミンやたんぱく質が豊富な副菜で
きれいな肌を目指しましょう！
低カロリーで食物繊維が豊富な副菜で
健康的にダイエットしましょう！

ビタミンたっぷり
美肌副菜

低カロリーでも大満足！
ダイエット副菜

ビタミンたっぷり
美肌副菜

かぼちゃやにんじんなどの栄養価の高い野菜や
アボカドやグレープフルーツ、
りんごなどの果物を使って、美肌に役立つ
ビタミンたっぷりのサラダやマリネを作りましょう。
紫キャベツや紫玉ねぎなどに含まれる青紫色の色素
〝アントシアニン〟の抗酸化作用にも注目を！

さっぱり味

アボカドとグレープフルーツのサラダ

栄養価の高いアボカドでさわやかなサラダに

材料｜2人分

アボカド……1個
グレープフルーツ（ルビー）……1/2個
ディル……2本
A［オリーブオイル……小さじ2
　 塩、こしょう……各適量

作り方｜調理時間 **10**分

1 – アボカドは食べやすい大きさに切る。グレープフルーツは薄皮に沿って実を切り落として2～3等分にし、薄皮をしぼって果汁を出す。

2 – ボウルに**A**、グレープフルーツの果汁を入れて混ぜ合わせ、**1**、ちぎったディルをあえる。

グレープフルーツの果汁も調味料として使います。

アボカドとグレープフルーツのサラダのアレンジ

アボカドとオレンジのサラダ

オレンジとミントでよりさわやかな風味に

「アボカドとグレープフルーツのサラダ」のグレープフルーツ（ルビー）1/2個→オレンジ1個、ディル2本→ミント1～2枝にし、同様に作る。

作りおきにも

紫キャベツと紫玉ねぎのマリネ

抗酸化作用のあるアントシアニンがたっぷり！

材料｜作りやすい分量

紫キャベツ……1/4個（200g）
紫玉ねぎ……1/2個

A
- 白ワインビネガー……大さじ2
- オリーブオイル……大さじ1
- 砂糖……小さじ1
- 塩……小さじ1/3
- こしょう……少々
- ローリエ（あれば）……1枚

作り方｜調理時間 10 分

1 – 紫キャベツは千切り、紫玉ねぎは極薄切りにする。

2 – 保存容器に**A**を入れて混ぜ合わせ、**1**を加え、味をなじませる。

あればスライサーを使うと、簡単に千切りや極薄切りにできます。

おつまみにも

にんじんと ドライいちじくのサラダ

ビタミンAになるカロテンが豊富！

材料｜2人分

にんじん……1/2本
セロリ……50g
ドライいちじく……2個
A
- オリーブオイル、白ワインビネガー……各小さじ2
- はちみつ……小さじ1/2
- 塩、こしょう……各少々
- パセリ（みじん切り）……適量

作り方｜調理時間10分（冷やす時間は除く）

1 – にんじんは千切り、セロリはピーラーで筋を取って薄切りにする。いちじくは細かくちぎる。

2 – ボウルにAを入れて混ぜ合わせ、1をあえる。冷蔵庫で30分以上冷やす。

しばらく冷蔵庫におくと、いちじくがやわらかくなり、全体に甘みが広がります。

にんじんとドライいちじくのサラダのアレンジ

紫キャベツと ドライいちじくのサラダ

ビタミンCやミネラルいっぱいの紫キャベツで！

「にんじんとドライいちじくのサラダ」のにんじん1/2本→紫キャベツ100gにする。紫キャベツは千切りにし、同様に作る。

作りおきにも

パプリカのマリネ

パプリカはビタミンCとカロテンがたっぷり！

材料｜2人分

パプリカ（赤、黄）……各1/2個
A
- オリーブオイル、レモン汁……各小さじ2
- はちみつ……小さじ1
- 塩……ふたつまみ

作り方｜調理時間20分（冷やす時間は除く）

1 – パプリカはへた、種を除き、オーブントースター（1000W）で10分、皮が黒くなるまで焼く。粗熱が取れたら皮をむき、縦4等分に切る。

2 – ボウルにAを入れて混ぜ、1を漬ける。冷蔵庫で2時間以上冷やす。

皮が黒くなるくらいまで焼いたほうがむきやすいです。

さっぱり味

りんごとアボカドのサラダ

アントシアニンが含まれるりんごの皮もいただきます

材料｜2人分

りんご……1/2個
アボカド……1個
A プレーンヨーグルト……大さじ2
A オリーブオイル……小さじ2
A 塩、こしょう……各少々

作り方｜調理時間 10分

1 - りんごは皮付きのまま8mm厚さのいちょう切りにする。アボカドは食べやすい大きさに切る。
2 - ボウルにAを入れて混ぜ合わせ、1をあえる。

アボカドの脂質が高いので、ヨーグルトでさっぱりまとめます。

りんごとアボカドのサラダのアレンジ

りんごとアボカドのマスタードサラダ

粒マスタードでピリッとした辛味と
プチプチ食感をプラス

「りんごとアボカドのサラダ」のAに粒マスタード小さじ1を加え、同様に作る。

お弁当にも

かぼちゃとレーズンのシナモンサラダ

野菜の中でもトップクラスに栄養価の高いかぼちゃを使って！

材料｜2人分

かぼちゃ……1/8個（200g）
無調整豆乳（または牛乳）……大さじ1～2
A レーズン、クリームチーズ……各30g
A シナモンパウダー……小さじ1/3
A 塩、こしょう……各少々
くるみ（砕く）……適量

作り方｜調理時間 10分

1 - かぼちゃは皮付きのまま種、わたを除いて耐熱容器に入れ、ラップをふんわりかけて電子レンジ（600W）で4～5分、竹串がすっと通るまで加熱する。
2 - 1が熱いうちにボウルに入れ、粗くつぶし、豆乳、Aを加えてざっくり混ぜる。器に盛り、くるみを散らす。

レーズンはしばらくおくと、ふやけてやわらかくなるので、サラダにおすすめです。

作りおきにも

ミニトマトのはちみつマリネ

トマトの赤い色素・リコピンでアンチエイジング！

材料｜作りやすい分量

ミニトマト……16個

A［はちみつ、レモン汁……各大さじ1
　 塩……少々

作り方｜調理時間**10**分（冷やす時間は除く）

1－ミニトマトはへたを除き、小さく切り込みを入れ、熱湯にさっとくぐらせ、氷水に入れて皮をむく。

2－容器に**A**を入れて混ぜ合わせ、**1**を漬ける。冷蔵庫で30分以上冷やす。

皮を湯むきすることで口当たりがよく、味しみもよくなります。

さっぱり味

紫キャベツとオレンジのラペ

オレンジの果汁でジューシーさと風味をアップ！

材料｜2人分

紫キャベツ……1/4個（200g）

オレンジ……1個

塩……少々

A［オリーブオイル……小さじ2
　 レモン汁……小さじ1
　 こしょう……少々

作り方｜調理時間**10**分

1－紫キャベツは千切りにする。あればスライサーを使うとよい。ボウルに入れ、塩をふり、しんなりしたら水気をしぼる。

2－オレンジは薄皮に沿って実を切り落として小さめに切り、薄皮をしぼって果汁を出す。

3－ボウルに**A**、オレンジの果汁を入れて混ぜ合わせ、**1**、**2**をあえる。

オレンジは小さめに切り、果汁も含め、ドレッシングのように使います。

COLUMN 3

豆腐バリエ

豆腐は低カロリーで高たんぱく、腹もちもよく、しかも安価！
冷ややっこや温やっこ、グラタンなど豆腐料理のバリエーションを紹介します。

ホワイトソース不要！
和風の
ヘルシーグラタン

長いものたらこ豆腐グラタン

材料｜2人分

豆腐（絹ごし）…1丁（300g）

A
- 長いも（すりおろす）…150g
- たらこ（薄皮から中身を出してほぐす）…1本（1/2腹）
- 白だし、豆乳…各大さじ2

ピザ用チーズ、焼きのり…各適量

作り方｜調理時間 **20**分

1 豆腐は厚みを半分に切って、ペーパータオル2枚で包み、電子レンジ（600W）で2分加熱する。

2 **1**を耐熱皿の大きさに合わせて適当に切って入れ、混ぜ合わせたAをかけ、チーズをのせてオーブントースター（1000W）で10～15分、焼き色が付くまで焼く。ちぎった焼きのりを散らす。

すりおろした長いもがホワイトソースの代わりになっています。

揚げだし豆腐となすのめんつゆおろし

材料｜2人分

豆腐（木綿または絹ごし）…1丁（300g）

なす…2本

大根…50g

片栗粉、サラダ油、青ねぎ（小口切り）…各適量

A
- めんつゆ（3倍濃縮）…60mℓ
- 水…120mℓ
- しょうが（すりおろし）…小さじ1

作り方｜調理時間 **15**分（豆腐の水きり時間は除く）

1 豆腐はペーパータオル2枚で包んで15分おき、水きりする。なすは4等分のくし形切りにする。大根はすりおろす。

2 豆腐を食べやすい大きさに切り、全体に片栗粉をまぶす。

3 フライパンに多めのサラダ油を熱し、**2**、なすを5分焼いて、器に盛る。

4 フライパンの油をペーパータオルでふき取り、大根おろし、**A**を入れて煮立たせる。**3**にかけ、青ねぎを散らす。

片栗粉をまぶすことで味がよくしみ、おいしく仕上がります。

だしとおろしが
じゅわ～！
おつまみにも

温やっこで楽しむ、
みょうがの香りと
ほのかな苦味

みょうがダレやっこ

材料｜2人分

豆腐（絹ごし）……1丁（300g）
みょうが……2個
A［ポン酢しょうゆ……大さじ1
　 ごま油……小さじ1
白いりごま……小さじ1/2
青ねぎ（小口切り）……適量

作り方｜調理時間 **5** 分

1 - 豆腐はペーパータオル2枚で包み、電子レンジ（600W）で1分30秒加熱し、器に崩しながら盛る。
2 - ボウルに**A**を入れて混ぜ合わせ、薄い半月切りにしたみょうがをあえる。
3 - **1**に**2**をのせ、白いりごまをふり、青ねぎを散らす。

温かい豆腐にみょうがダレをのせると、みょうがの香りが引き立ちます。

とろ〜りチーズが
食欲をそそります

明太チーズやっこ

材料｜2人分

豆腐（絹ごし）……1丁（300g）
ピザ用チーズ……30〜40g
明太子（薄皮から
　中身を出してほぐす）……1本（1/2腹）
大葉（千切り）……4枚

作り方｜調理時間 **5** 分（豆腐の水きり時間は除く）

1 - 豆腐はペーパータオル2枚で包んで15分おき、水きりする。半分に切り、耐熱容器にのせてチーズをかけて、ラップをせずに電子レンジ（600W）で2〜3分加熱する。
2 - 明太子、大葉をのせる。

明太子は加熱せずに、生でそのままのせましょう。

究極のさっぱり味。
食欲のない日も
これなら OK

梅きゅうやっこ

材料｜2人分

豆腐（絹ごし）……1丁（300g）
きゅうり……1/2本
梅干し（種を除いてたたく）
　……小2個
削り節、しょうゆ……各適量

作り方｜調理時間 **5** 分

1 - 豆腐は半分に切る。きゅうりは千切りにする。
2 - ボウルに梅肉を入れ、きゅうりをあえる。
3 - 器に豆腐を盛り、**2**、削り節をのせ、しょうゆをかける。

きゅうりは千切りにすると、豆腐にのせて食べやすいです。

ちょい辛！
ちょっぴり中華風の
冷ややっこ

アボキムやっこ

材料｜2人分

豆腐（絹ごし）……1丁（300g）
アボカド……1/2個
白菜キムチ……40g
A［めんつゆ（3倍濃縮）……小さじ1
　 ごま油……小さじ1/2
白いりごま……少々

作り方｜調理時間 **5** 分

1 - 豆腐は半分、アボカドは小さめ、キムチは大きければ食べやすい大きさに切る。
2 - ボウルに**A**を入れて混ぜ合わせ、アボカド、キムチをあえる。
3 - 器に豆腐を盛り、**2**をのせ、白いりごまをふる。

アボカドがキムチをまろやかにし、食べやすくなります。

低カロリーでも大満足！
ダイエット副菜

見た目にボリュームがあって
食べごたえもあるのに、
低カロリーで食物繊維たっぷりな
ヘルシーな副菜を紹介します。

さっぱり味

もずく酢キャベツ

ヘルシー食材の代表格、もずくに野菜をプラス

材料 | 2人分 | **44**kcal（1人分）

キャベツ……1/6個（200g）
きゅうり……1/2本
A［もずく（味付き）……2パック
　しょうゆ、しょうが（すりおろし）
　……各小さじ1/2

作り方 | 調理時間 **5** 分

1 – キャベツはざく切りにして耐熱容器に入れて、ラップをふんわりかけて電子レンジ（600W）で2分30秒加熱して、水気をしぼる。きゅうりは薄い輪切りにする。

2 – ボウルに**A**を入れて混ぜ合わせ、**1**をあえる。

キャベツはある程度食感を残すように大きめに切ると、満腹感もアップします。

もずく酢キャベツのアレンジ

もずく酢もやし | 56kcal（1人分）

たくさん食べても罪悪感なしのローカロリー副菜

「もずく酢キャベツ」のキャベツ 1/6 個（200g）→もやし 1 袋（200g）にする。もやしは耐熱容器に入れて、ラップをふんわりかけて電子レンジ（600W）で 2 分 30 秒加熱し、同様に作る。

定番

えのきとわかめときゅうりの酢の物

何度も作りたい、シンプルで飽きのこない味

材料 | 2人分 | **47kcal**（1人分）

えのきたけ……1袋（100g）
きゅうり……1本
カットわかめ（乾燥）……大さじ2
塩……少々

A
- 酢……大さじ2
- 砂糖……小さじ2
- しょうゆ……小さじ1

作り方 | 調理時間 **15**分（戻す時間は除く）

1－ えのきたけは石づきを落とし、長さを半分に切る。耐熱容器に入れて、ラップをふんわりかけて電子レンジ（600W）で2分加熱し、水気をきる。

2－ きゅうりは薄い輪切りにして塩をふり、10分おいて水気をしぼる。わかめは水に5～10分浸けて戻し、水気をしぼる。

3－ ボウルに**A**を入れて混ぜ合わせ、**1**、**2**をあえる。

きのこや海藻類は低カロリーで食物繊維も豊富。日頃から積極的にとりたい食材です。

えのきとわかめときゅうりの酢の物のアレンジ

かに風味かまぼことわかめときゅうりの酢の物 | 70kcal（1人分）

加熱いらずのかに風味かまぼこで、さらに簡単！

「えのきとわかめときゅうりの酢の物」のえのきたけ1袋（100g）→かに風味かまぼこ6本にする。かに風味かまぼこは電子レンジで加熱せずに細かく裂き、同様に作る。

定番

豆苗とわかめのしらすあえ

ビタミン豊富な豆苗は生で食べるのがおすすめ

材料｜2人分｜**47**kcal（1人分）

豆苗 ……… 1/2袋
カットわかめ（乾燥）……… 大さじ2
しらす干し ……… 20g
ミニトマト ……… 4個
A
- 酢 ……… 小さじ2
- 白いりごま ……… 小さじ1
- にんにく（すりおろし）、鶏がらスープの素（顆粒）……… 各小さじ1/2

作り方｜調理時間 **10**分（戻す時間は除く）

1 – 豆苗は4cm長さに切る。わかめは水に5～10分浸けて戻し、水気をしぼる。ミニトマトは四つ割りにする。

2 – ボウルに**A**を入れて混ぜ合わせ、**1**、しらす干しをあえる。

生の豆苗は歯ごたえがあり、よく噛むのでダイエットにぴったりの食材です。

豆苗とわかめのしらすあえのアレンジ

豆苗とわかめのチキンあえ｜53kcal（1人分）

サラダチキンを加えると食べごたえアップ！

「豆苗とわかめのしらすあえ」のしらす干し20g→ほぐしたサラダチキン50gにし、同様に作る。

おつまみにも

シンプル大根ステーキ

低カロリーな大根は食べごたえのあるステーキで！

材料｜2人分｜**39**kcal（1人分）

- 大根……6cm（250g）
- ごま油……小さじ1
- 塩……少々
- A［しょうゆ、みりん……各小さじ1
- 青ねぎ（小口切り）……適量

作り方｜調理時間 **10** 分

1 – 大根は1.5cm厚さの輪切りにして、片面に十字の切り込みを入れる。耐熱容器に入れてラップをふんわりかけて電子レンジ（600W）で3分加熱する。

2 – フライパンにごま油を中火で熱し、**1**を並べて塩をふり、焼く。両面に焼き色が付いたら弱火にし、**A**を加えて全体にからめる。器に盛り、青ねぎを散らす。

十字に切り込みを入れることで、火が通りやすく調味料がよくからみます。

シンプル大根ステーキのアレンジ

シンプル大根 バターステーキ｜**39**kcal（1人分）

バターの香りで極上の一品に！

「シンプル大根ステーキ」のごま油小さじ１→バター５gにし、同様に作る。

超スピード

レタスとザーサイのサラダ

市販のサラダチキンを使えばあっという間に完成！

材料｜2人分｜**105**kcal（1人分）

レタス……1/2個
ザーサイ……50g
サラダチキン……100g
A
- 長ねぎ（みじん切り）……1/4本
- 酢……大さじ1
- しょうゆ……大さじ1/2
- 砂糖、ごま油……各小さじ1

作り方｜調理時間 **5** 分

1 – レタスは食べやすい大きさにちぎる。ザーサイは食べやすく切る。サラダチキンはほぐす。

サラダチキンでたんぱく質を補って。ボリュームがあるので、満足感があります。

2 – 器にレタス、ザーサイ、サラダチキンを順に盛り、混ぜ合わせた**A**をかける。

超カンタン

スライス玉ねぎおかか

油が入っていないポン酢しょうゆはダイエット中におすすめ

材料｜2人分｜**48**kcal（1人分）

玉ねぎ……1個
ミニトマト……4個
ポン酢しょうゆ……適量
削り節……1袋（1g）

作り方｜調理時間 **10** 分

1 – 玉ねぎは薄切りにして水に5分さらし、水気をきる。ミニトマトは四つ割りにする。

2 – 器に玉ねぎ、ミニトマトを順に盛り、ポン酢しょうゆ、削り節をかける。

水にさらすと辛味が抜けますが、栄養も溶け出してしまうので長時間はやめましょう。

さっぱり味

キャベツと切り干し大根のサラダ

パリパリ食感と塩昆布のうま味がクセになる！

材料｜2人分｜**72**kcal（1人分）

キャベツ……1/6個（200g）
切り干し大根……20g
A ┌ 塩昆布……大さじ2
　│ 酢……小さじ2
　└ しょうゆ、白いりごま……各小さじ1

作り方｜調理時間**5**分（戻す時間は除く）

1 – キャベツは8mm幅に切り、耐熱容器に入れてラップをふんわりかけて電子レンジ（600W）で3分加熱し、水気をしぼる。切り干し大根は洗って水に10分浸けて戻し、水気をしぼって食べやすい長さに切る。

2 – ボウルに**A**を入れて混ぜ合わせ、**1**をあえる。

噛みごたえがあり、食物繊維もとれるので、ダイエットの味方です。

キャベツと切り干し大根のサラダのアレンジ

にんじんと切り干し大根のエスニックサラダ｜80kcal（1人分）

ナンプラーは少量でも存在感あり！

「キャベツと切り干し大根のサラダ」のキャベツ1/6個（200g）→にんじん1本、**A**のしょうゆ小さじ1→ナンプラー小さじ1にする。にんじんは千切りにし、電子レンジで加熱せずにそのまま入れて、同様に作る。

さっぱり味

切り干し大根とわかめの白だしあえ

白だしと酢でさっぱりした味わいに

材料｜2人分｜**78**kcal（1人分）

切り干し大根……20g
カットわかめ（乾燥）……大さじ2
かに風味かまぼこ……6本
A ┌ 白だし……大さじ1
　└ 酢……小さじ1

作り方｜調理時間**5**分（戻す時間は除く）

1 – 切り干し大根は洗って水に10分浸けて戻し、水気をしぼって食べやすい長さに切る。わかめは水に5～10分浸けて戻し、水気をしぼる。かに風味かまぼこは細かく裂く。

2 – ボウルに**A**を入れて混ぜ合わせ、**1**をあえる。

白だしは手軽に和風だしの風味が楽しめる万能調味料。油を使わなくても満足感が得られます。

PART 4

おなじみの野菜を使って！

素材別副菜

スーパーで安かった野菜、
冷蔵庫にある残り野菜など、
素材別にパパッと探せる五十音順の副菜レシピ帖です。
定番からアイデアレシピまでいろいろ！
いつもワンパターンになっちゃうと悩んでいる方も
バリエーション豊富なので、レパートリーが広がります。

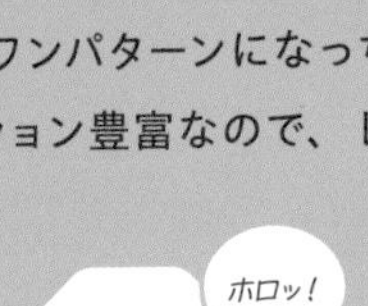

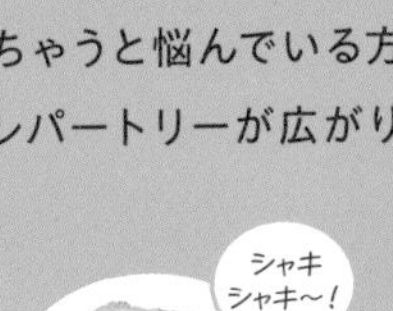

アスパラガス

特においしい時期は春から初夏。シャキッとした食感を楽しんで。

おもてなしにも

えびとアスパラのオーロラサラダ

にんにく風味のオーロラソースが大人の味わい

材料｜2人分

アスパラガス……3～4本（80g）
冷凍むきえび……大8～10尾
A
- トマトケチャップ、マヨネーズ……各大さじ1
- プレーンヨーグルト……大さじ1/2
- にんにく（すりおろし）……小さじ1/3
- 塩、こしょう……各適量

サニーレタス……適量

作り方｜調理時間 **15** 分

1－アスパラガスはピーラーで根元に近い部分のかたい皮をむき、斜め4等分に切る。えびは水に3～5分浸けて、表面の氷を取る。

2－鍋に湯を沸かし、塩少々（分量外）を入れ、**1**を2～5分ゆでてザルに上げ、粗熱を取る。

3－ボウルに**A**を入れて混ぜ合わせ、**2**をあえる。器に適当な大きさにちぎったサニーレタスとともに盛る。

オーロラソースにヨーグルトを入れるとさわやかな味わいになります。

おつまみにも

アスパラベーコンエッグのトースター焼き

手が込んでいるふうで、実はとっても簡単！

材料｜2人分

- アスパラガス……3～4本（80g）
- スライスベーコン……1枚
- 卵……1個
- 塩、粉チーズ、粗びき黒こしょう……各適量
- オリーブオイル……小さじ1

電子レンジで加熱する前に水にくぐらせておくと、パサつきを防げます。

作り方｜調理時間 **10** 分

1. アスパラガスはピーラーで根元に近い部分のかたい皮をむき、半分に切る。水にくぐらせ、ラップで包んで電子レンジ（600W）で1分加熱する。ベーコンは1cm四方に切る。
2. 耐熱容器に**1**を入れ、塩、オリーブオイルをかけて卵を割り入れ、オーブントースター（1000W）で5～7分、卵が半熟状になるまで焼く。粉チーズ、粗びき黒こしょうをふる。

こってり味

アスパラとじゃがいもの マスタードあえ

玉ねぎのほのかな辛味が味を引き締めます

材料｜2人分

アスパラガス……3～4本（80g）
じゃがいも……1個
玉ねぎ……1/4個
A
- マヨネーズ……大さじ1
- 粒マスタード……大さじ1/2
- レモン汁、はちみつ……各小さじ1/2
- 塩、こしょう……各少々

作り方｜調理時間 15分

1－アスパラガスはピーラーで根元に近い部分のかたい皮をむき、斜め4等分に切る。じゃがいもは皮をむき、ひと口大に切る。玉ねぎは薄切りにして水に5分さらし、辛味が抜けたら水気をしぼる。

2－鍋に水、塩少々（分量外）を入れて火にかけ、じゃがいもをゆでる。5分たったらアスパラガスを加え、1～2分ゆでてザルに上げ、粗熱を取る。

3－ボウルにAを入れて混ぜ合わせ、2、玉ねぎをあえる。

じゃがいも、アスパラガスは時間差でゆでで、それぞれの食感を生かします。

AVOCADO

アボカド

森のバターと呼ばれるほどクリーミーで濃厚な味わい！ 栄養もたっぷりです。

アボカドとツナのマスタードあえ

作り方は P162

えびとアボカドのわさびマヨあえ

作り方は P162

アボカドの焼きカプレーゼ

作り方は P163

生ハムアボカド

作り方は P163

超スピード

アボカドとツナのマスタードあえ

粒マスタードのプチ食感と辛みがポイント！

材料｜2人分

アボカド……1/2個
ツナ缶（水煮）……1缶（80g）
A
- プレーンヨーグルト……大さじ2
- はちみつ……小さじ2
- 粒マスタード、しょうゆ……各小さじ1

作り方｜調理時間5分

1 アボカドはひと口大の角切りにする。ツナは缶汁をきる。
2 ボウルにAを入れて混ぜ合わせ、1をあえる。

アボカドが濃厚なので、ヨーグルトを使ってさっぱり仕上げます。

アボカドとツナのマスタードあえのアレンジ

アボカドとスモークサーモンのマスタードあえ

ツナをスモークサーモンにして華やかに！

「アボカドとツナのマスタードあえ」のツナ缶（水煮）1缶（80g）→スモークサーモン80gにする。スモークサーモンはちぎって、同様に作る。

おつまみにも

えびとアボカドのわさびマヨあえ

マヨネーズ+わさびじょうゆはクセになる味

材料｜2人分

アボカド……1/2個
冷凍むきえび……大8尾
A
- マヨネーズ……小さじ2
- しょうゆ……小さじ1/2
- 練りわさび……小さじ1/3

サニーレタス……適量

作り方｜調理時間15分

1 アボカドはひと口大に切る。
2 えびは水に3～5分浸けて表面の氷を取り、鍋に湯を沸かし、塩少々（分量外）を入れて2～5分ゆでてザルに上げ、粗熱を取る。
3 ボウルにAを入れて混ぜ合わせ、1、2をあえる。器に適当な大きさにちぎったサニーレタスとともに盛る。

わさびの風味が好きな方は、量を増やして調整してください。

おもてなしにも

アボカドの焼きカプレーゼ

冷たくないアッツアツのカプレーゼも美味！

材料｜2人分

アボカド……1/2個
トマト……1個
モッツァレラチーズ……1/2個（50g）
A［オリーブオイル……大さじ1
　にんにく（すりおろし）、塩、
　こしょう……各少々
バジル……適量

作り方｜調理時間 15 分

1－アボカド、トマト、チーズはそれぞれ8㎜厚さの半月切りにする。
2－耐熱容器に**1**を順に盛りつけ、混ぜ合わせた**A**を全体にかけ、オーブントースター（1000W）で5～10分焼く。バジルをちぎってのせる。

少しかためのアボカドでも、焼くことでやわらかくなります。

超カンタン

生ハムアボカド

メロンではなくアボカドで！
ワインがすすみます

材料｜2人分

アボカド……1/2個
生ハム……4枚
A［オリーブオイル、黒こしょう
　……各少々

作り方｜調理時間 5 分

1－アボカドは4等分のくし形切りにする。生ハムは半分に切る。
2－アボカド1切れに生ハムを1枚分ずつ巻く。器に盛り、**A**をかける。

この2種はマストですが、さらに粉チーズをかけてもおいしいです。

GREEN SHISO

大葉

独特の香りが特徴で薬味によく使われます。老化防止、免疫力アップ、貧血予防にも。

超スピード

しらす大葉の卵黄のせ

滋養をつけたいときに！

材料｜2人分

大葉……4枚
きゅうり……1/2本
しらす干し……大さじ2
卵黄……1個分
A［酢、しょうゆ……各小さじ1/2
B［ごま油、白いりごま……各少々

作り方｜調理時間5分

1－大葉は小さめにちぎる。きゅうりは薄い輪切りにして塩少々（分量外）をふり、しんなりしたら水気をよくしぼる。

2－ボウルに**1**、Aを入れて混ぜる。器に盛り、しらす干しをのせ、中央を少しくぼませて卵黄をのせ、Bをかける。

混ぜて食べます。ご飯にのせて食べてもおいしいです。

作りおきにも

大葉のにんにくじょうゆ漬け

粗く刻んで、ご飯や豆腐、そうめんなどにのせて

材料｜作りやすい分量

大葉……10～20枚
にんにく……1かけ
A
しょうゆ……大さじ3
ごま油……小さじ1
赤唐辛子（輪切り）……1本

作り方｜調理時間3分（漬ける時間は除く）

1－大葉は根元を落とす。にんにくは薄切りにする。

2－保存容器にAを入れて混ぜ合わせ、**1**を漬ける。

10分漬ければ味はなじみます。冷蔵庫で保存し、2～3日で食べきりましょう。

オクラ

食欲をそそる独特のネバネバ食材。輪切りにすると断面が五角形でかわいい！

超カンタン

オクラとコーンのチーズ焼き

大人はお酒のお供に、子どもにはおやつにも◎

材料｜2人分

- オクラ……4本
- 冷凍コーン……30g
- ピザ用チーズ……20g
- 黒こしょう……少々

作り方｜調理時間 10 分

1 – オクラはへたを取り、塩少々（分量外）で板ずりする。鍋に湯を沸かし、板ずりしたオクラをそのまま1～2分ゆでて冷水に取り、8㎜厚さの輪切りにする。

2 – 耐熱容器に**1**、コーンを入れ、チーズをのせる。オーブントースター（1000W）で8分、表面においしそうな焼き色が付くまで焼く。黒こしょうをふる。

板ずりするとうぶ毛が取れて、口当たりがよくなります。色も鮮やかに。

オクラとコーンのチーズ焼きのアレンジ

オクラとしらすのチーズ焼き

しらす干しで和風＆ヘルシーさアップ！

「オクラとコーンのチーズ焼き」の冷凍コーン30g→しらす干し大さじ１にし、同様に作る。

さっぱり味

オクラと長いもの梅おかかあえ

疲れた～、食欲もない～という日のお助け副菜

材料｜2人分

- オクラ……4本
- 長いも……100g
- A 梅肉……小さじ2
- A 削り節……1袋（1g）

作り方｜調理時間 5 分

1 – オクラはへたを取り、塩少々（分量外）で板ずりする。鍋に湯を沸かし、板ずりしたオクラをそのまま1～2分ゆでて冷水に取り、斜め半分に切る。

2 – 長いもは皮をむいてポリ袋に入れ、麺棒などでたたき、**1**、**A**を加えて全体を混ぜる。

オクラも長いももネバネバ食材同士なので、ご飯にのせてもおいしいです。

オクラと長いもの梅おかかあえのアレンジ

オクラと長いものおかか塩昆布あえ

手軽さは同じ！ うま味たっぷりの塩昆布で

「オクラと長いもの梅おかかあえ」の**A**の梅肉小さじ２→塩昆布大さじ１にし、同様に作る。

PUMPKIN

かぼちゃ

ほっくりしていて甘みのある緑黄色野菜。β-カロテンや食物繊維が豊富です。

定番

かぼちゃの煮付け

かぼちゃの定番料理といえばこれ！

材料｜作りやすい分量

かぼちゃ……1/4個（400g）

A
- 水……1カップ
- しょうゆ、砂糖……各大さじ2
- 和風だし（顆粒）……小さじ1/2

作り方｜調理時間 **20** 分

1 - かぼちゃは皮付きのまま種、わたを除き、食べやすい大きさに切る。

2 - 鍋に**1**を皮を下にして入れ、**A**を加えて中火にかける。

3 - 煮立ったら弱火にし、落としぶたをして煮汁が1/3くらいになるまで煮る。

時間がある場合は面取り（切り角を削り落として丸くする）すると、煮崩れ防止になります。

おつまみにも

かぼちゃカレーチーズもち

ほんのりカレー風味と、とろ〜りチーズが最高！

材料｜2人分

かぼちゃ……150g
スライスチーズ（とろけるタイプ）……1枚
A
- 片栗粉……大さじ2
- 牛乳……大さじ1〜2
- カレー粉……小さじ1/2
- 塩……ふたつまみ

バター……5g

かぼちゃによって水分量が異なるので、牛乳の量で成形しやすいかたさに調節してください。

作り方｜調理時間 **15** 分

1－かぼちゃは皮付きのまま種、わたを除いて小さめのひと口大に切り、耐熱容器に入れ、ラップをふんわりかけて電子レンジ（600W）で3〜4分、竹串がすっと通るまで加熱する。熱いうちに皮ごとよくつぶし、**A**を加えて混ぜる。

2－**1**を4等分にし、縦4等分に切ってくるくると巻いたチーズを包み、円盤状に成形する。

3－フライパンにバターを熱し、**2**を並べて、両面においしそうな焼き色が付くまで焼く。

かぼちゃカレーチーズもちのアレンジ

じゃがいもチーズもち

ホックホクの食感は
かぼちゃと互角の勝負！

「かぼちゃカレーチーズもち」のかぼちゃ150g→じゃがいも大1個（150g）にし、**A**のカレー粉は入れない。じゃがいもは皮をむいて小さめのひと口大に切り、さっと水にくぐらせて耐熱容器に入れ、ラップをふんわりかけて電子レンジ（600W）で3〜4分加熱し、同様に作る。

おつまみにも

かぼちゃの クミンバターソテー

エスニックな香りに包まれて乾杯！

材料｜2人分

かぼちゃ……150g

A ［バター……5g
　 クミンシード……小さじ1/2

塩……ふたつまみ

作り方｜調理時間 10分

1 – かぼちゃは皮付きのまま種、わたを除き、1cm厚さ、5cm長さのくし形切りにする。

2 – フライパンにAを入れて弱火にかけ、香りが立ったら**1**を並べる。塩をふり、ふたをして、両面を焼き色が付くまで弱火でじっくり焼く。焦げそうになったら水少々（分量外）を加える。

じっくり加熱することで、クミンの香りを引き出します。

かぼちゃのクミンバターソテーのアレンジ

かぼちゃのクミンチーズソテー

クミンシードの香りはチーズとも好相性！

「かぼちゃのクミンバターソテー」の**A**のバター5g→オリーブオイル小さじ１にする。粉チーズ小さじ２を加えて、仕上げにかける。

定番

かぼちゃのそぼろあん

鶏ひき肉を使ってあっさりとやさしい味に

材料｜作りやすい分量

かぼちゃ……1/4個（400g）

鶏ひき肉……80g

サラダ油……小さじ1

A ［しょうゆ、酒……各大さじ1と1/2
　 砂糖……大さじ1/2
　 しょうが（すりおろし）、
　 　和風だし（顆粒）……各小さじ1/2
　 水……1カップ

B ［片栗粉……小さじ1
　 水……小さじ2

作り方｜調理時間 15分

1 – かぼちゃは皮付きのまま種、わたを除き、大きめのひと口大に切る。

2 – 鍋にサラダ油を中火で熱し、ひき肉を炒める。**1**、**A**を加え、煮立ったら弱火にして落としぶたをして10分、やわらかくなるまで煮る。

3 – **2**に混ぜ合わせた**B**を少量ずつ加え、とろみをつける。

煮るときは煮崩れしないよう、できるだけかぼちゃを動かさないようにしましょう。

カリ フラワー

冬から春が旬。口の中でホロッと崩れる食感が特徴です。

おつまみにも

カリフラワーとゆで卵のカレーマヨサラダ

淡泊な味のカリフラワーとカレー風味の相性抜群！

カレー風味が好きな方は、カレー粉を倍量にしてもよいでしょう。

材料｜2人分

- カリフラワー……1/2株
- ゆで卵……1個
- A
  - マヨネーズ……大さじ1
  - 牛乳……小さじ2
  - カレー粉……小さじ1/4
  - 塩、こしょう……各少々
- パセリ（みじん切り）……少々

作り方｜調理時間 15分

1. カリフラワーは食べやすい大きさの小房に切る。鍋に湯を沸かし、塩少々（分量外）を入れ、1～2分ゆでてザルに上げ、粗熱を取る。
2. ボウルにゆで卵を入れてフォークなどでつぶし、Aを加えて混ぜ、**1**をあえる。器に盛り、パセリを散らす。

カリフラワーとゆで卵のカレーマヨサラダのアレンジ

カリフラワーとゆで卵のマスタードマヨサラダ

マヨネーズは粒マスタードとも合う！

「カリフラワーとゆで卵のカレーマヨサラダ」の**A**のカレー粉小さじ1/4→粒マスタード小さじ1にし、同様に作る。

おもてなしにも

カリフラワーのグラタン

パン粉のサクサク食感とダブルで使ったチーズがアクセント！

材料｜2人分

カリフラワー……1/2株
スライスベーコン……2枚
バター……10g
薄力粉……大さじ2
牛乳……1カップ
塩、こしょう……各少々
A ピザ用チーズ……15g
A 粉チーズ、パン粉……各適量

かためではなく、茎のあたりに竹串がすっと通るまでゆでましょう。

作り方｜調理時間 **20** 分

1 カリフラワーは食べやすい大きさの小房に切る。鍋に湯を沸かし、塩少々（分量外）を入れ、1～2分ゆでてザルに上げ、粗熱を取る。ベーコンは1㎝四方に切る。

2 フライパンにバターを熱し、ベーコンを炒める。脂が出てきたら薄力粉を加え、粉っぽさがなくなるまで炒め合わせる。牛乳をダマにならないよう少量ずつ加え、塩、こしょうで味をととのえる。

3 耐熱容器にカリフラワーを並べ、**2**をかけ、**A**を散らしてオーブントースター（1000W）で8分、こんがり焼き色が付くまで焼く。

CABBAGE

キャベツ

胃腸によい、別名キャベジンのビタミンUが豊富。生食でも加熱してもおいしい万能野菜。

定番

コールスロー

酢やレモン汁を加えてさっぱりとした味付けに

材料｜2人分

キャベツ……1/8個（150g）
にんじん……1/4本
玉ねぎ……1/4個
ホールコーン缶……大さじ3

A
- マヨネーズ……大さじ2
- 酢、レモン汁、牛乳……各大さじ1/2
- はちみつ……小さじ1/2
- 塩、こしょう……各少々

作り方｜調理時間10分

1 - キャベツ、にんじんは千切りにする。玉ねぎは薄切りにして水にさらし、水気をしぼる。コーンは缶汁をきる。

2 - ボウルにAを入れて混ぜ合わせ、1をあえる。

水っぽくなるのを防ぐため、しっかり水気をきりましょう。

コールスローのアレンジ

白菜コールスロー

生の白菜のシャキシャキ食感が新鮮！

「コールスロー」のキャベツ1/8個（150g）→白菜2枚（200g）にし、塩少々を加える。白菜は千切りにしてボウルに入れ、塩を加えてもみ込み、水気をしぼり、同様に作る。

超カンタン

塩ダレ鶏キャベツ

ちょっぴり中華風。パクパクいけちゃうリピート決定！

材料｜2人分

キャベツ……1/8個（150g）
サラダチキン……50g
A［鶏がらスープの素（顆粒）、ごま油……各小さじ1
塩……ふたつまみ
白いりごま、黒こしょう……各適量］

作り方｜調理時間5分

1－キャベツはざく切りにし、耐熱容器に入れ、ラップをふんわりかけて電子レンジ（600W）で2分加熱し、水気をふく。
2－ボウルに**1**、ほぐしたサラダチキンを入れ、**A**を加えてあえる。

サラダチキンがない場合は鶏ささみや鶏胸肉を加熱してほぐしたものでもOKです。

おつまみにも

アンチョビキャベツステーキ

焼いて甘みが増したキャベツと、アンチョビが合う！

材料｜2人分

キャベツ……1/4個（300g）
A［アンチョビフィレ（刻む）……3枚
オリーブオイル……小さじ2
にんにく（すりおろし）……小さじ1/2］
塩……少々
B［黒こしょう、粉チーズ……各適量

作り方｜調理時間15分

1－キャベツは半分のくし形切りにする。
2－**1**に混ぜ合わせた**A**を塗り、塩をふってオーブントースター（1000W）で10分焼く。途中で焦げそうなときはアルミ箔をかぶせる。
3－器に盛り、**B**をかける。

じっくり焼いてキャベツの甘みを引き出します。魚焼きグリルの場合は弱火で。

レンチン

キャベツと桜えびのサラダ

酢であっさりと、桜えびの磯の香りもポイントです

材料｜2人分

キャベツ……1/8個（150g）
桜えび（乾燥）……大さじ2
A
- オリーブオイル、酢……各小さじ2
- 塩、こしょう……各少々

粉チーズ……大さじ1

作り方｜調理時間 **5** 分

1 – キャベツはざく切りにし、耐熱容器に入れ、ラップをふんわりかけて電子レンジ（600W）で3分加熱し、水気をふく。

2 – フライパンに桜えびを入れて乾煎りし、香りが立ったら火からおろして粗熱を取る。

3 – ボウルに**A**を入れて混ぜ合わせ、**1**、**2**をあえる。器に盛り、粉チーズをかける。

桜えびは乾煎りすることで余分な水分が抜け、香ばしさがアップします。

超カンタン

ごま塩キャベツ

ごま油と白すりごまの風味を楽しんで。
彩りもきれい！

材料｜2人分

キャベツ……2枚
きゅうり、にんじん……各1/4本
A
- ごま油、白すりごま……各小さじ1
- 鶏がらスープの素（顆粒）……小さじ1/2
- にんにく（すりおろし）……小さじ1/3
- 塩……小さじ1/4

作り方｜調理時間**5**分（冷やす時間は除く）

1 – キャベツは小さめのざく切り、きゅうりは薄い輪切り、にんじんは千切りにする。

2 – ポリ袋に**1**、**A**を入れて振り、全体に味をなじませたら冷蔵庫で30分以上冷やす。

キャベツは小さめに切ることで、味なじみがよくなります。

超スピード

キャベツとゆで卵のマスタードサラダ

ササッとこんなおしゃれなサラダが作れるなんて！

材料｜2人分

キャベツ……1/8個（150g）
ゆで卵……2個
A
- マヨネーズ……大さじ1と1/2
- 粒マスタード、白ワインビネガー……各小さじ1
- 塩、こしょう……各少々

パセリ（みじん切り）……少々

作り方｜調理時間**5**分

1 – キャベツは1cm幅に切り、耐熱容器に入れ、ラップをふんわりかけて電子レンジ（600W）で3分加熱し、水気をふく。

2 – ボウルにゆで卵を入れてフォークなどで粗くつぶし、**A**を加えて混ぜ、**1**をあえる。器に盛り、パセリを散らす。

キャベツは加熱すると甘みが引き立ち、マスタードやワインビネガーの酸味とよく合います。

きゅうり

水分たっぷりの夏野菜。
クセのない味はどんな
調味料にもマッチ！

おつまみにも

エスニックきゅうり

にんじんやパクチーをはさんだ彩りのきれいな一品

材料｜作りやすい分量

きゅうり……3本
にんじん……1/4本
パクチー……1株
塩、ピーナッツ（刻む）……各適量
A
- レモン汁、ナンプラー……各小さじ1
- 砂糖……小さじ1/2
- 赤唐辛子（輪切り）……1本

塩をすり込んで少しおくと、しんなりして具材がはさみやすくなります。

作り方｜調理時間 **10**分（おく時間は除く）

1－ きゅうりは長さを4～5等分に切り、縦に2/3の深さまで切り込みを入れる。全体にしっかり塩少々をすり込んで30分おき、しんなりしたら洗って水気をふく。

2－ にんじんは千切りにし、塩少々をふって5分おいて、しんなりしたら洗って水気をよくしぼる。パクチーは1cm長さに切る。

3－ ボウルに**2**、**A**を入れて混ぜ合わせ、**1**の切り込みにはさむ。器に盛り、ピーナッツを散らす。

さっぱり味

きゅうりとりんごのヨーグルトサラダ

異なるシャキシャキ感が楽しく、あと味もさわやか！

材料｜2人分

きゅうり……1本
りんご……1/2個
A
- プレーンヨーグルト……大さじ2
- オリーブオイル、レモン汁……各小さじ1
- 塩、黒こしょう……各少々

作り方｜調理時間 **5**分

1－ きゅうり、りんごは皮付きのまま小さめの角切りにする。

2－ ボウルに**A**を入れて混ぜ合わせ、**1**をあえる。

ヨーグルトベースのあっさりした味はカレーや肉料理の副菜に合います。

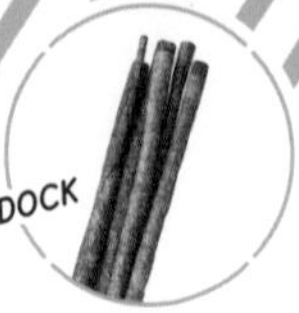

ごぼう

皮に香りとうま味があるのでこそげ取って。豊富な食物繊維が腸内環境をととのえます。

定番

きんぴらごぼう

ごぼうの副菜といえば、まず思い浮かぶド定番！

材料｜2人分

ごぼう……1/2本
にんじん……1/6本
ごま油……小さじ1
赤唐辛子（輪切り）……1本
A［砂糖、しょうゆ、みりん……各小さじ2
白すりごま……大さじ1

作り方｜調理時間 15分

1 – ごぼう、にんじんは4cm長さの細切りにする。
2 – フライパンにごま油、赤唐辛子を入れて熱し、**1**を炒める。
3 – しんなりしてきたら**A**を加え、汁気がほとんどなくなるまで煮て火を止める。白すりごまを加えてさっと混ぜる。

切り方を同じにすると火の通りや味の入り方も均一になります。

おつまみにも

ごぼうスティック

スナック菓子感覚でぽりぽり、手が止まらない！

材料｜2人分

ごぼう……1/2本
にんにく（すりおろし）……小さじ1/2
片栗粉、粉チーズ……各大さじ1
サラダ油……適量
塩……少々

作り方｜調理時間 10分

1 – ごぼうは5cm長さの縦4等分に切り、ポリ袋に入れる。にんにくを加えてもみ込み、さらに片栗粉を加えて振り、全体に衣を付ける。
2 – 小さめのフライパンにサラダ油を1cm深さくらいに入れて熱し、**1**を全体がこんがりするまで揚げ焼きにする。油をきって器に盛り、粉チーズ、塩をふる。

根菜は火が通るまで時間がかかるので、少し低めの温度でじっくりと！

ごぼうスティックのアレンジ

青のりごぼうスティック

磯の香りで、一気に和風テイストに

「ごぼうスティック」の粉チーズ大さじ1→青のり小さじ1にし、同様に作る。

小松菜

あっさりした味でどんな料理でも大活躍！ 栄養価が高く、扱いやすい葉ものの優等生です。

定番

小松菜と お揚げの煮びたし

旬の秋から冬に食べたいほっとする味わい

栄養豊富～！

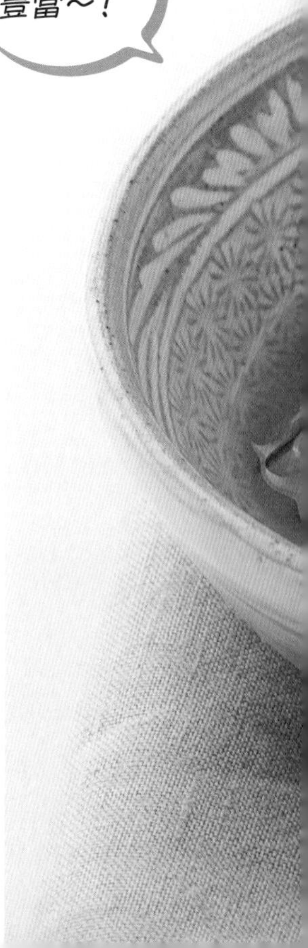

材料｜2人分

小松菜……1/2把（100g）
油揚げ……1枚
A［水……大さじ4
　 白だし……大さじ2

作り方｜調理時間 10分

1－小松菜は4cm長さに切る。油揚げは熱湯をかけて油抜きし、1cm幅の短冊切りにする。

2－鍋に**A**を煮立て、**1**を入れてふたをし、弱火で3分煮る。

白だしはめんつゆよりも仕上がりの色がよく、素材の風味を引き立てます。

おもてなしにも

小松菜とチーズのチヂミ風

カリッと焼き上げたアツアツをピリ辛のタレで！

材料｜2人分

小松菜……1/2把（100g）
玉ねぎ……1/4個
卵……1個
A ピザ用チーズ……20g
　片栗粉……大さじ3
ごま油……小さじ2
B ポン酢しょうゆ……大さじ1
　コチュジャン……小さじ1
　にんにく（すりおろし）、白いりごま……各少々

作り方｜調理時間10分

1 – 小松菜は4cm長さに切る。玉ねぎは薄切りにする。

2 – ボウルに卵を割り入れて溶き、**1**、**A**を加えて混ぜ、生地を作る。

3 – フライパンにごま油を弱火で熱し、**2**を流し入れてじっくり焼く。焼き色が付いたら裏返し、底面がこんがりするまで焼く。食べやすく切って器に盛り、混ぜ合わせた**B**のタレを添える。

ふたはせず、へらで押し付けるようにして両面をこんがり焼き上げます。

小松菜とチーズのチヂミ風のアレンジ

小松菜とキムチチーズのチヂミ風

キムチを加えるとパンチのある味わいに

「小松菜とチーズのチヂミ風」の玉ねぎ1/4個→白菜キムチ30gにする。キムチは汁気をきり、大きければ食べやすく切って、同様に作る。

こってり味

小松菜とベーコンのシーザーサラダ

生の小松菜のシャキシャキ食感で食べごたえあり！

材料｜2人分

小松菜……1/2把（100g）
ブロックベーコン……30g
温泉卵……1個

A
- マヨネーズ……大さじ1と1/2
- 粉チーズ……大さじ1
- 牛乳……小さじ2
- にんにく（すりおろし）、塩……各少々

くるみ（粗く砕く）、粗びき黒こしょう……各適量

作り方｜調理時間 5 分

1－小松菜は4cm長さに切る。

2－ベーコン7mm厚さの拍子木切りにし、フライパンに入れて火にかけ、こんがり焼く。

3－ボウルに**A**を入れて混ぜ合わせ、**1**、**2**をあえる。器に盛り、中央を少しくぼませて温泉卵をのせ、くるみを散らして粗びき黒こしょうをふる。

シーザーサラダは本来、ロメインレタスを使いますが、手軽で食感がよい小松菜でもおいしく作れます。

さつまいも

ほくほくとした食感と甘みを楽しめます。不足しがちな整腸効果のある食物繊維が豊富。

定番

大学いも

みんな大好き！ おやつにもおかずにも◎

材料｜2人分

- さつまいも……1本（200g）
- A［砂糖、みりん……各大さじ1
- A［しょうゆ……大さじ1/2
- 太白ごま油（なければサラダ油）……小さじ2
- 黒いりごま……適量

焦げやすいので、Aを加えるときは必ず弱火で。

作り方｜調理時間10分

1 – さつまいもは皮付きのまま小さめの乱切りにし、さっと水にさらして耐熱容器に入れ、ラップをふんわりかけて電子レンジ（600W）で3分加熱する。Aは混ぜ合わせ、砂糖を溶かしておく。

2 – フライパンに太白ごま油を入れて中火で熱し、さつまいもを焼く。

3 – 全体に薄く焼き色が付いたら弱火にし、Aを全体にからめる。器に盛り、黒いりごまをふる。

おもてなしにも

さつまいもグラタン

さつまいもの甘み×ベーコンの塩気がマッチ！

材料｜2人分

さつまいも……1本（200g）
スライスベーコン……1枚
バター、塩、こしょう、ナツメグ（あれば）……各少々
A
- 薄力粉……大さじ1
- 牛乳……1/2カップ
- バター……5g

レーズン……大さじ1～2
ピザ用チーズ……20g

作り方｜調理時間20分

1 さつまいもは皮付きのまま1cm角に切って水にさらして水気をきり、バターを塗った耐熱容器に入れてラップをふんわりかけて電子レンジ（600W）で3分加熱する。ベーコンは1cm四方に切る。

2 耐熱ボウルに**A**を入れ、ラップをふんわりかけて電子レンジ（600W）で1分加熱し、よく混ぜる。さらに1分加熱して再びよく混ぜ、さらに30秒加熱し、塩、こしょう、ナツメグで味をととのえる。

一度に加熱せず、様子をみながら加熱しては混ぜを繰り返し、なめらかに仕上げて。

3 **1**の耐熱容器にレーズン、**2**をかけ、ベーコン、チーズを散らし、オーブントースター（1000W）で8分、おいしそうな焼き色が付くまで焼く。

サニー
レタス

葉先が赤紫のサニーレタスはβ - カロテンが豊富。ちぎって盛るだけでボリューム感アップ！

超スピード

豆腐のチョレギサラダ

ごま油ベースの韓国風。お箸がすすむ味です

材料｜2人分

サニーレタス……2～3枚
長ねぎ……1/4本
豆腐（絹ごし）……1/2丁（150g）
A
- ごま油……大さじ1
- 酢、白すりごま……各大さじ1/2
- 塩、にんにく（すりおろし）……各小さじ1/4
- 黒こしょう……少々

韓国のり……3枚

作り方｜調理時間5分

1－サニーレタスは食べやすくちぎる。長ねぎは斜め薄切りにして水にさらし、水気をよくきる。Aは混ぜ合わせる。

2－器にサニーレタスを盛り、豆腐をスプーンですくってのせる。長ねぎ、ちぎった韓国のりを散らし、Aをかける。

豆腐は包丁で切るより、スプーンですくうことでタレがからみやすくなります。

超カンタン

サニーレタスとトマトとツナのサラダ

手作り玉ねぎドレッシングでさっぱりと！

材料｜2人分

サニーレタス……2～3枚
トマト……1/2個
ツナ缶（水煮）……1缶（80g）
玉ねぎ……1/8個
A
- オリーブオイル……小さじ2
- レモン汁……小さじ1
- 砂糖……小さじ1/2
- 塩、こしょう……各少々

作り方｜調理時間5分

1－サニーレタスは食べやすくちぎる。トマトは小さめの乱切りにする。ツナは缶汁をきる。

2－玉ねぎはすりおろしてAと混ぜ、玉ねぎドレッシングを作る。

3－器にサニーレタスを盛り、トマト、ツナをのせ、**2**をかける。

すりおろした玉ねぎとAを合わせた玉ねぎドレッシングは、いろいろなサラダに使えます。

さや
いんげん

ポリッ＆キュッと心地よい食感が特徴です。きれいな緑色で食欲が増します。

お弁当にも

さやいんげんのベーコン巻き

パパッと巻いて蒸し焼き、片手でパクッ！

材料｜2人分

さやいんげん……8本
スライスベーコン……4枚
オリーブオイル……小さじ1

さやいんげんのベーコン巻きのアレンジ

にんじんのベーコン巻き

彩りアップ！ にんじんの場合はレンチンして

「さやいんげんのベーコン巻き」のさやいんげん8本→にんじん1/2本にする。にんじんは細切りにして、耐熱容器に入れ、ラップをふんわりかけて電子レンジ（600W）で1分加熱し、同様に作る。

作り方｜調理時間 15 分

1– さやいんげんはへた、筋を取り、3等分に切る。ベーコンは半分に切る。

2– さやいんげん1本分にベーコンを1枚ずつ巻いて、楊枝でとめる。

3– フライパンにオリーブオイルを熱し、2を並べて、ふたをして、ときどき返しながら両面に焼き色が付くまで焼く。

さやいんげんは火が通りやすいので下ゆでせず、ふたをして蒸し焼きにします。

おつまみにも

さやいんげんと桜えびのナンプラー炒め

見た目も鮮やかなエスニック風の副菜です

材料｜2人分

さやいんげん……8本
桜えび（乾燥）……大さじ1
ごま油……小さじ1
A ナンプラー……小さじ1/2
　にんにく（すりおろし）……少々

作り方｜調理時間 10 分

1 – さやいんげんはへた、筋を取り、4㎝長さに切る。
2 – フライパンにごま油を熱し、**1**を炒める。火が通ったら桜えびを加え、さっと炒め合わせ、さらに**A**を加えて炒め合わせる。

桜えびの風味が強いので、ナンプラーはほんの少量でOKです。

さやいんげんと桜えびのナンプラー炒めのアレンジ

さやいんげんとじゃこのナンプラー炒め

ちりめんじゃこがエスニック風味にも合うなんて！

「さやいんげんと桜えびのナンプラー炒め」の桜えび（乾燥）大さじ１→ちりめんじゃこ大さじ１にし、同様に作る。

POTATO

じゃがいも

常備野菜の代表格は副菜にも重宝します。加熱に強いビタミンCが多く美容効果も！

定番

ポテトサラダ

ヨーグルトを加えてあっさりヘルシーに！

材料｜2人分

じゃがいも……2個（200g）
きゅうり……1/2本
にんじん……1/8本
玉ねぎ……1/4個
ゆで卵……1個

A
- マヨネーズ……大さじ2
- プレーンヨーグルト……大さじ1と1/2
- 酢……大さじ1/2
- 砂糖……小さじ1/2
- 塩、こしょう……各少々

作り方｜調理時間 **15**分

1- じゃがいもは皮をむいて乱切りにし、さっと水にくぐらせて耐熱ボウルに入れ、ラップをふんわりかけて電子レンジ（600W）で4分加熱する。熱いうちによくつぶし、**A**を加えて混ぜる。

2- きゅうりは薄い輪切り、にんじんは薄いいちょう切りにする。玉ねぎは薄切りにして水に5分さらし、辛味が抜けたら水気をよくしぼる。

3- **1**に**2**を入れ、ゆで卵を崩しながら加えて、全体を混ぜる。

じゃがいもによって水分量が異なるので、パサつく場合は牛乳を足して調整を。

おもてなしにも

ポテトミルフィーユグラタン

常備野菜２種で作る、シンプルグラタン

材料｜2人分

じゃがいも……2個（200g）
玉ねぎ……1/4個
オリーブオイル……少々
A
- 薄力粉……大さじ1
- 牛乳……1/2カップ
- バター……5g

塩、こしょう、ナツメグ（あれば）……各少々
ピザ用チーズ……20g
パセリ（みじん切り）……少々

作り方｜調理時間 **20** 分

1 – じゃがいもは皮をむいて5㎜厚さの輪切り、玉ねぎは薄切りにする。

2 – 耐熱容器に薄くオリーブオイルを塗り、**1**をずらしながら並べ、ラップをふんわりかけて電子レンジ（600W）で3分加熱する。

3 – 耐熱ボウルに**A**を入れ、ラップをふんわりかけて電子レンジ（600W）で1分加熱し、よく混ぜる。さらに1分加熱して再びよく混ぜ、さらに30秒加熱し、塩、こしょう、ナツメグで味をととのえる。

4 – **2**に**3**をかけ、チーズを散らし、オーブントースター（1000W）で8分、おいしそうな焼き色が付くまで焼き、パセリを散らす。

一度に加熱せず、様子をみながら加熱しては混ぜを繰り返し、なめらかに仕上げて。

超カンタン

じゃがいもの パセリバター炒め

じゃがいもとバターは鉄板の味！

材料｜2人分

じゃがいも……2個（200g）
バター……5g
塩……少々
パセリ（みじん切り）……大さじ1

作り方｜調理時間 **10** 分

1 – じゃがいもは皮付きのまま小さめの乱切りにし、さっと水にくぐらせて耐熱容器に入れ、ラップをふんわりかけて電子レンジ（600W）で5分加熱する。

2 – フライパンにバターを熱し、**1**を炒める。全体に焼き色が付いたら塩をふり、パセリを加えて火を止める。

じゃがいもは皮ごと食べられますが、芽がある場合は必ず取ってください。

じゃがいものパセリバター炒めのアレンジ

長いものパセリバター炒め

さらに簡単！ 長いもはレンチンなしで炒めてOK

「じゃがいものパセリバター炒め」のじゃがいも2個（200g）→長いも200gにする。長いもは皮をむき、1㎝厚さ、4㎝長さの拍子木切りにして電子レンジで加熱せずにそのまま炒め、同様に作る。

超カンタン

スイチリポテト

アジアンチックなフライドポテト風！

材料｜2人分

じゃがいも……1個（100g）
サラダ油、塩、パセリ（みじん切り）……各少々
スイートチリソース……小さじ2

作り方｜調理時間 10分

1 – じゃがいもは皮付きのままくし形切りにし、さっと水にくぐらせて耐熱容器に入れ、ラップをふんわりかけて電子レンジ（600W）で3分加熱する。
2 – フライパンにサラダ油を熱し、**1**を焼く。全体に焼き色が付いたら塩をふり、火を止める。スイートチリソースをからめて器に盛り、パセリを散らす。

じゃがいもはくし形に切ることで、見た目もフライドポテト風になります。

おつまみにも

じゃがいもとたこのバジルあえ

バジルの風味が効いたイタリアンな味わい

材料｜2人分

じゃがいも……1個（100g）
ゆでだこの足……80g
バジルソース（市販）……小さじ2
レモン（くし形切り）……1切れ

作り方｜調理時間 5分

1 – じゃがいもは皮をむいて小さめの乱切りにし、さっと水にくぐらせて耐熱容器に入れ、ラップをふんわりかけて電子レンジ（600W）で3分加熱する。たこは食べやすい大きさに切る。
2 – ボウルにバジルソースを入れ、**1**をあえる。器に盛り、レモンを添える。

バジルソースは市販のものでOK。手作りする場合はP122を参照してください。

じゃがいもとたこのバジルあえのアレンジ

きゅうりとたこのバジルあえ

和風酢の物？ いいえ、やっぱりイタリアンな味

「じゃがいもとたこのバジルあえ」のじゃがいも1個（100g）→きゅうり1本にする。きゅうりは乱切りにし、電子レンジで加熱せずにそのまま入れて、同様に作る。

GERLAND CHRYSANTHEMUM

春菊

鍋料理で使われるほろ苦さと独特の風味が特徴の葉もの野菜。生でも、加熱してもOK。

こってり味

春菊と豆腐のごまみそあえ

苦味もうま味に。こっくりコクのある小鉢

材料｜2人分

春菊……1束（150g）
豆腐（絹ごし）……1/2丁（150g）
A
- 白すりごま……大さじ1
- みそ、しょうゆ、砂糖……各小さじ1

作り方｜調理時間 **10** 分（豆腐の水きり時間は除く）

1 – 豆腐はペーパータオル2枚で包んで15分おき、水きりする。
2 – 鍋に湯を沸かし、塩少々（分量外）を入れ、春菊を根元から入れて2分ゆで、冷水でさっと冷やして水気をよくしぼり、4cm長さに切る。
3 – ボウルに**A**、**1**を崩しながら入れて混ぜ合わせ、**2**をあえる。

春菊はゆですぎるとえぐみが増すので、ゆですぎに注意しましょう。

おもてなしにも

春菊とりんごとささみのサラダ

見た目も味もさわやか。生の春菊って美味！

材料｜2人分

春菊……1/2束（75g）
りんご……1/4個
鶏ささみ……1本
A
- 酒……小さじ1
- 塩……少々

くるみ（刻む）……適量
B
- レモン汁、オリーブオイル……各小さじ2
- 塩、こしょう……各少々

作り方｜調理時間 **10** 分

1 – 春菊は4cm長さに切る（かたい茎は除く）。りんごは5mm厚さのいちょう切りにする。
2 – 鶏ささみは全体をフォークで刺し、耐熱容器に入れて**A**をふり、ラップをふんわりかけて電子レンジ（600W）で2分加熱し、粗熱が取れたらほぐす。
3 – 器に**1**、**2**を盛り、くるみを散らし、混ぜ合わせた**B**をかける。

春菊は生のほうが加熱するよりも苦味が少なく、食べやすいです。

ZUCCHINI

ズッキーニ

ぱっと見はきゅうりですが、かぼちゃの仲間。クセがなく、低カロリーな野菜です。

超スピード

ズッキーニと桜えびのナムル

たった5分でこのおいしさはうれしい！

材料｜2人分

ズッキーニ……1/2本（100g）

A
- 桜えび（乾燥）……大さじ1
- ごま油、白すりごま、酢……各小さじ1
- 鶏がらスープの素（顆粒）……小さじ1/2

作り方｜調理時間 5分

1 ズッキーニは薄い半月切りにし、耐熱容器に入れ、ラップをふんわりかけて電子レンジ（600W）で2分加熱する。

2 ボウルに**A**を入れて混ぜ合わせ、**1**をあえる。

あっさりしたズッキーニに、桜えびの風味がよく合います。

さっぱり味

ひらひらズッキーニのサラダ

赤ワインに合う、見た目も味もおしゃれなひと皿

材料｜2人分

ズッキーニ……1/2本（100g）

生ハム……3～4枚

A
- オリーブオイル、白ワインビネガー……各小さじ1
- 塩……少々

B
- 粉チーズ……適量
- 粗びき黒こしょう……少々

作り方｜調理時間 10分

1 ズッキーニはピーラーで薄く削り、水に3分さらして水気をよくきる。

2 ボウルに**A**を入れて混ぜ合わせ、ちぎった生ハム、**1**をあえる。

3 器に盛り、**B**をふる。

生のままピーラーで薄く削れば、ズッキーニのみずみずしさを楽しめます。

SNAP PEAS

スナップエンドウ

別名スナックエンドウ。ぷっくりと肉厚で歯ごたえがよく、ほのかな甘みがあります。

おもてなしにも

スナップエンドウとスモークサーモンのサラダ

3つの食材が織りなす、極上の味わい

材料｜2人分

スナップエンドウ……8本
スモークサーモン……30g
カッテージチーズ……大さじ2
A［オリーブオイル……小さじ1
　 塩……少々
粗びき黒こしょう……適量

作り方｜調理時間10分

1－スナップエンドウは筋を除き、鍋に湯を沸かし、塩少々（分量外）を入れてゆで、斜め半分に切る。スモークサーモンは食べやすい大きさに切る。
2－ボウルにAを入れて混ぜ合わせ、1をあえ、チーズを加えてさっと混ぜる。器に盛り、粗びき黒こしょうをふる。

カッテージチーズは脂質が少ないので、ダイエット中にもおすすめです。

超カンタン

スナップエンドウの卵炒め

スナップエンドウの甘さが引き立つ炒め物

材料｜2人分

スナップエンドウ……10本
卵……1個
マヨネーズ……大さじ1/2
塩……少々
粗びき黒こしょう……適量

作り方｜調理時間10分

1－スナップエンドウは筋を除く。
2－フライパンにマヨネーズを熱し、1をじっくり炒め、塩をふる。
3－卵を溶きほぐして加え、さっと炒め合わせる。器に盛り、粗びき黒こしょうをふる。

油ではなくマヨネーズを使うと、コクも出るのでおすすめです。

セロリ

独特の強い香りが食欲を刺激。香味野菜として、生なら食感を生かしたサラダに！

おつまみにも

セロリのごまマヨサラダ

和風味のマヨネーズがさわやかなセロリに合う!

材料｜2人分

セロリ……1/2本(100g)
にんじん……1/4本
A
- マヨネーズ……大さじ1
- 白すりごま……小さじ4
- めんつゆ(3倍濃縮)……小さじ1/2

塩……少々

作り方｜調理時間10分(冷やす時間は除く)

1 – セロリはピーラーで筋を取って斜め薄切り、にんじんは千切りにする。

2 – ボウルにAを入れて混ぜ合わせ、1をあえる。塩で味をととのえ、冷蔵庫で30秒以上冷やす。

マヨネーズとごまとめんつゆで、セロリが苦手な人でも食べやすいと思います。

さっぱり味

セロリとたこのマリネ

プリッ&シャキッの食感が楽しいマリネ

材料｜2人分

セロリ……1/2本(100g)
ゆでだこの足……100g
玉ねぎ……1/8個
A
- 白ワインビネガー、パセリ(みじん切り)……各大さじ1
- オリーブオイル……小さじ2
- にんにく(すりおろし)……小さじ1/4
- 塩、こしょう……各少々

作り方｜調理時間10分

1 – セロリはピーラーで筋を取って斜め薄切りにする。たこは食べやすい大きさに切る。玉ねぎは薄切りにして水に5分さらし、辛味が抜けたら水気をよくしぼる。

2 – ボウルにAを入れて混ぜ合わせ、1をあえる。

たこの大きさはセロリの大きさに合わせて切りましょう。味なじみが均等になります。

JAPANESE RADISH

大根

胃もたれなどを予防改善する消化酵素を含む根菜。部位により味やかたさが変わります。

定番

大根の明太サラダ

ヨーグルトでさわやかさをプラス！

材料｜2人分

大根……5cm（200g）

A
- 明太子、マヨネーズ……各大さじ1
- プレーンヨーグルト、粉チーズ……各大さじ1/2
- 塩、黒こしょう……各少々

貝割れ菜……適量

作り方｜調理時間 **5** 分

1 – 大根は8mm角の棒状に切る。

2 – ボウルに**A**を入れて混ぜ合わせ、**1**をあえる。器に盛り、長さを半分に切った貝割れ菜をのせる。

明太子をたらこに替えてもおいしくできます。

大根の明太サラダのアレンジ

じゃがいもの明太サラダ

定番サラダも食材を替えるだけで新鮮な味わいに！

「大根の明太サラダ」の大根5cm（200g）→じゃがいも2個（200g）にする。じゃがいもは皮をむいて細切りにし、さっと水にくぐらせて耐熱容器に入れ、ラップをふんわりかけて電子レンジ（600W）で3分加熱し、同様に作る。

おつまみにも

大根のベーコンステーキ

大根はレンチンしてからしっかり焼いて

材料｜2人分

大根……8cm（300g）
スライスベーコン……1枚
塩、こしょう、
　にんにく（すりおろし）
　……各少々
オリーブオイル……小さじ1
しょうゆ……小さじ1/2
青ねぎ（小口切り）……適量

切り込みを入れると火の通りが早くなり、味もからみやすくなります。

作り方｜調理時間 **10** 分

1 – 大根は2cm厚さに切って片面に十文字に切り込みを入れ、耐熱容器に入れ、ラップをふんわりかけて電子レンジ(600W)で4分加熱し、両面に塩、こしょうをふる。
2 – ベーコンは1cm四方に切る。
3 – フライパンにオリーブオイル、にんにくを熱し、**1**を焼く。途中でしょうゆを加え、こんがり焼き色が付くまで焼く。空いているスペースで**2**を焼く。器に大根を盛り、ベーコン、青ねぎをのせる。

作りおきにも

大根のレモン漬け

水分がいっぱい出るので、大根をたくさん食べられます

材料｜作りやすい分量

大根……4cm（150g）
レモン（国産・ノーワックス）……1/4個
A［ 白だし、砂糖……各小さじ1

作り方｜調理時間 **5** 分（冷やす時間は除く）

1 – 大根、レモンは薄いいちょう切りにする。
2 – ポリ袋に**1**、Aを入れて振り、冷蔵庫で30分以上冷やす。
3 – 汁気を軽くしぼり、器に盛る。

白だしを使うことで、きれいな色の仕上がりになります。

BAMBOO SHOOT

たけのこ

春を告げる野菜ですが、通年水煮を入手できます。不溶性の食物繊維、カリウムが豊富です。

定番

たけのこの土佐煮

やっぱり癒やされる味！ 和風の定番煮物

材料｜2人分

たけのこ（水煮）……200g

A
- しょうゆ、みりん……各大さじ1
- 砂糖……小さじ1
- 水……3/4カップ

削り節……2袋（2g）

作り方｜調理時間 **15** 分

1 – たけのこは食べやすい大きさに切る。

2 – 鍋に**A**を煮立て、**1**を入れて弱火で10分煮る。削り節を加え、煮詰める。

旬の味は格別ですが、水煮を活用すればたけのこ料理も手軽です。

定番

若竹煮

和風献立の副菜にぴったりな上品な味わい

材料｜2人分

たけのこ（水煮）……200g
カットわかめ（乾燥）……大さじ2
A［白だし……大さじ2
　 水……3/4カップ

作り方｜調理時間 10分（戻す時間は除く）

1－たけのこは食べやすい大きさに切る。わかめは水に5～10分浸けて戻し、水気をしぼる。
2－鍋にAを煮立て、たけのこを入れて弱火で5分煮る。わかめを加え、ひと煮立ちさせる。

白だしは色を付けたくない料理や食材の風味を生かしたいときに便利です。

超カンタン

たけのこのバターじょうゆ焼き

バターじょうゆ味はあとを引くおいしさ！

材料｜2人分

たけのこ（水煮）……200g
バター……10g
A［しょうゆ、みりん……各小さじ1
青ねぎ（小口切り）……適量

作り方｜調理時間 10分

1－たけのこは食べやすい大きさに切る。
2－フライパンにバターを熱し、1を焼く。両面にこんがり焼き色が付いたらAを加え、全体にからめる。
3－器に盛り、青ねぎを散らす。

バターで焼くことで、たけのこの食感がよくなります。

たけのこのバターじょうゆ焼きのアレンジ

しいたけのバターじょうゆ焼き

山の幸であるたけのことしいたけ、どちらも美味

「たけのこのバターじょうゆ焼き」のたけのこ（水煮）200g→生しいたけ大4枚にする。しいたけは軸を取って4等分に切り、同様に作る。

ONION

玉ねぎ

切るときに涙が出るのはしんどいけれど、様々な調理法で副菜のバリエが広がる頼れる野菜。

おもてなしにも

玉ねぎのトースター焼き

仕上げの粉チーズとパセリでおしゃれに！

材料｜2人分

玉ねぎ……1個
塩、こしょう……各少々
オリーブオイル……小さじ2
粉チーズ、パセリ（みじん切り）……各適量

作り方｜調理時間 15 分

1 – 玉ねぎは1㎝厚さの輪切りにする。
2 – 天板に**1**を並べて塩、こしょうをふり、オリーブオイルをかけてオーブントースター（1000W）で10分焼く。
3 – 器に盛り、粉チーズをふり、パセリを散らす。

じっくり焼くことで、玉ねぎがとろとろになって甘みが増します。

おつまみにも

とろとろ玉ねぎチーズガレット

甘い玉ねぎとチーズのコラボは絶品！

材料｜2人分

玉ねぎ……1個
A
- ピザ用チーズ……40g
- 薄力粉……大さじ4
- 塩……ふたつまみ
- こしょう……少々
- 水……1/4カップ

オリーブオイル……小さじ1
トマトケチャップ……適量

作り方｜調理時間 15 分

1 – 玉ねぎは1㎝角に切る。ボウルに入れ、**A**を加えて混ぜる。
2 – フライパンにオリーブオイルを熱し、**1**を広げ、ふたをして弱火で5分焼き、裏返して5分焼く。中火にして表面がカリッとしたらでき上がり。
3 – 食べやすく切って器に盛り、トマトケチャップをかける。

裏返しにくい場合は、一度平らな皿に取り出してから裏返すと崩れません。

トマト

医者いらずの野菜といわれるほど栄養満点！鮮やかな赤色が料理を一気に華やかにします。

さっぱり味

トマトとパセリのサラダ

余りがちなパセリをたっぷり使って

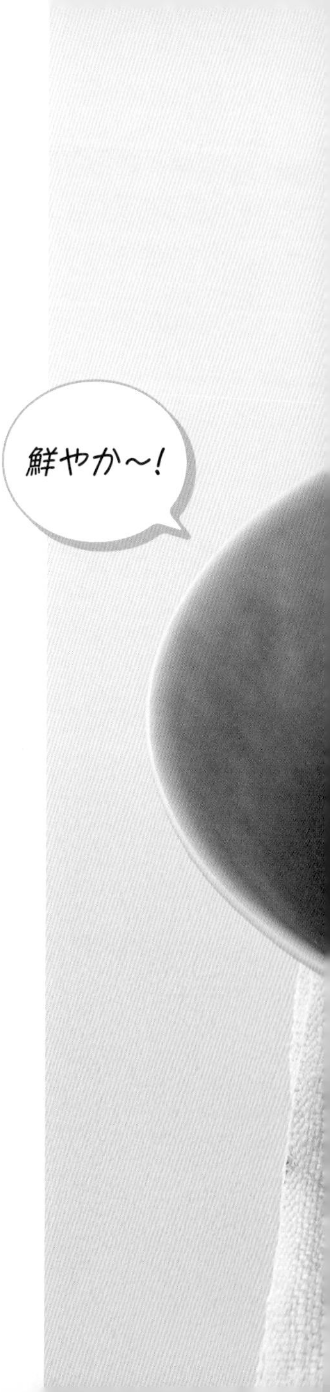

材料｜2人分

トマト……1個
玉ねぎ……1/4個
A
- パセリ（みじん切り）……10g
- 酢……小さじ2
- 砂糖、オリーブオイル……各小さじ1
- 塩、こしょう……各少々

作り方｜調理時間 10 分

1 – トマトは乱切りにする。玉ねぎは薄切りにして水に5分さらし、辛味が抜けたら水気をよくしぼる。

2 – ボウルにAを入れて混ぜ合わせ、1をあえる。

パセリは刻んで小分けにし、冷凍しておくといろいろな料理に使えて便利です。

トマトとパセリのサラダのアレンジ

トマトとバジルのサラダ

パセリの苦味が苦手なら
さわやかな香りのバジルで

「トマトとパセリのサラダ」のAのパセリ（みじん切り）10g→葉を摘んでみじん切りにしたバジル2枚分にし、同様に作る。

おもてなしにも

ミニトマトとアボカドのアンチョビサラダ

女子会で振る舞ったら大絶賛間違いなしの味！

材料｜2人分

ミニトマト……6個
アボカド……1/2個
モッツァレラチーズ……1/2個（50g）
A
- アンチョビフィレ（刻む）……2～3枚
- オリーブオイル、レモン汁……各大さじ1
- 塩、黒こしょう……各適量

ベビーリーフ……1袋

作り方｜調理時間 10分

1 – ミニトマトは半分に切る。アボカドは2cm角、チーズは1cm角に切る。
2 – ボウルにAを入れて混ぜ合わせ、1をあえる。
3 – 器にベビーリーフ、2を盛る。

アンチョビフィレを加えるだけで、味にアクセントが生まれます。

おつまみにも

トマトとささみのゆず塩麹あえ

すっきり辛口のお酒が飲みたくなる味！

材料｜2人分

トマト……1個
鶏ささみ……1本（50g）
A［酒……小さじ1
　 塩……少々
B［塩麹……小さじ1と1/2～2
　 オリーブオイル……小さじ1
　 ゆずこしょう……小さじ1/2

作り方｜調理時間 10 分

1－トマトは乱切りにする。
2－鶏ささみは全体をフォークで刺し、耐熱容器に入れてAをふり、ラップをふんわりかけて電子レンジ（600W）で2分加熱する。粗熱が取れたらほぐす。
3－ボウルにBを入れて混ぜ合わせ、1、2をあえる。

塩麹とゆずこしょうで、しっかり味が付いているのでご飯もすすみます。

トマトとささみのゆず塩麹あえのアレンジ

トマトとしらすのゆず塩麹あえ

ボリュームのある料理にぴったりな副菜

「トマトとささみのゆず塩麹あえ」の鶏ささみ1本（50g）→しらす干し大さじ2にし、Aは入れない。しらす干しは電子レンジで加熱せずに加え、同様に作る。

超カンタン

トマトのツナあえ 大葉のせ

夏の暑い日にうれしい超さっぱり系！

材料｜2人分

トマト……大1個
大葉……2～3枚
ツナ缶（水煮）……1缶（80g）
A しょうゆ、酢……各小さじ2
A 砂糖、しょうが（すりおろし）……各小さじ1
オリーブオイル……小さじ1

作り方｜調理時間 **5** 分

1－トマトは角切り、大葉は千切りにする。ツナは缶汁を軽くきる。

2－耐熱容器に**A**を入れ、ラップをせずに電子レンジ（600W）で40秒加熱する。オリーブオイル、ツナを入れて混ぜ、トマトをあえる。

3－器に盛り、大葉をのせる。

しょうがのすりおろしは加熱することで、風味がアップします。

トマトのツナあえ 大葉のせのアレンジ

トマトのツナあえ パクチーのせ

パクチーとナンプラーで即エスニック風に味変

「トマトのツナあえ 大葉のせ」の大葉2～3枚→パクチー適量、**A**のしょうゆ小さじ2→ナンプラー小さじ2にする。パクチーは3cm長さに切り、同様に作る。

超スピード

ミニトマトとチーズのおかかあえ

トマトとチーズを和風の味付けで

材料｜2人分

ミニトマト……8個
プロセスチーズ……2個（30g）
A［しょうゆ……小さじ1/2
　 削り節……1袋（1g）

作り方｜調理時間 **3** 分

1 – ミニトマトは半分に切る。チーズは小さめの角切りにする。
2 – ボウルに**1**、**A**を入れて混ぜる。

削り節を加えるとうま味がアップし、全体に味がからみやすくなります。

ミニトマトとチーズのおかかあえのアレンジ

ミニトマトとクリームチーズのおかかあえ

やわらかいクリームチーズにして酸味を楽しんで

「ミニトマトとチーズのおかかあえ」のプロセスチーズ2個（30g）→クリームチーズ（固形タイプ）30gにし、同様に作る。

超スピード

トマト塩昆布

手間がほとんどかからないスピード副菜！

材料｜2人分

トマト……1個
塩昆布……5g
A［ごま油……小さじ1
　 酢……小さじ1/2
白いりごま……適量

作り方｜調理時間 **3** 分

1 – トマトは8mm厚さの半月切りにし、器に盛る。
2 – 塩昆布をのせ、**A**をかけ、白いりごまをふる。

塩昆布はほどよい塩気とうま味があり、常備しておくと活躍します。

トマト塩昆布のアレンジ

きゅうり塩昆布

たたききゅうりにして、
塩気とうま味をしみ込ませて

「トマト塩昆布」のトマト1個→きゅうり2本にする。きゅうりはポリ袋に入れ、麺棒でたたいて器に盛り、同様に作る。

CHINESE YAM

長いも

サクサクした食感と粘りが特徴です。生で食べたり、加熱したり、食べ方いろいろ！

おつまみにも

長いもジャーマンポテト

じゃがいもの定番料理は長いもでもイケます

材料｜2人分

長いも……200g
玉ねぎ……1/2個
ソーセージ……2本
オリーブオイル……小さじ1
塩、こしょう……各少々
粒マスタード……小さじ2

作り方｜調理時間 10 分

1 – 長いもは8㎜厚さ、4㎝長さの拍子木切り、玉ねぎはくし形切り、ソーセージは斜め薄切りにする。

2 – フライパンにオリーブオイルを熱し、**1**を塩、こしょうをふって炒める。焼き色が付いたら粒マスタードを加え、全体にからめる。

食材の大きさをそろえると見た目も美しく、食べやすいです。

長いもジャーマンポテトのアレンジ

里いもジャーマンポテト

じゃがいも、長いも、里いも、どれが好き？

「長いもジャーマンポテト」の長いも 200g→冷凍里いも 200g にする。冷凍里いもは耐熱容器に入れ、ラップをふんわりかけて電子レンジ(600W)で 2 分加熱して半分に切り、同様に作る。

超カンタン

長いものバターじょうゆソテー

ほくほく&サクサク！ ビールのおつまみにも◎

材料｜2人分

長いも……100g
大葉……2枚
バター……5g
しょうゆ……小さじ1/2
白いりごま……少々

作り方｜調理時間 **5** 分

1 – 長いもは8㎜厚さの輪切り、大葉は千切りにする。

2 – フライパンにバターを中火で熱し、長いもを焼く。両面に焼き色が付いたら弱火にしてしょうゆをかける。

3 – 器に盛り、白いりごまをふり、大葉をのせる。

じっくり焼くことで、長いものほくほく食感を楽しめます。

長いものバターじょうゆソテーのアレンジ

じゃがいもの
バターじょうゆソテー

じゃがいもとバターじょうゆも鉄板の味！

「長いものバターじょうゆソテー」の長いも100g→じゃがいも１個（100g）にする。じゃがいもは皮をむいて8㎜厚さの輪切りにし、さっと水にくぐらせて耐熱容器に入れ、ラップをふんわりかけて電子レンジ（600W）で２分加熱してから、同様に焼く。

GREEN ONION

長ねぎ

薬味でおなじみの長ねぎですが、加熱するとまた違った味わいを楽しめます。

こってり味

長ねぎのチーズ焼き

とろっと甘くなった長ねぎとチーズは相性抜群

材料｜2人分

長ねぎ……1本
オリーブオイル、七味唐辛子（好みで）……各少々
A［みそ、みりん……各小さじ1
ピザ用チーズ……15～20g

作り方｜調理時間15分

1－長ねぎは4cm長さに切る。
2－フライパンにオリーブオイルを熱し、1をこんがり焼き色が付くまで焼く。
3－耐熱皿に**2**を並べ、混ぜ合わせた**A**を塗り、チーズをかけてオーブントースター（1000W）で7分、チーズに焼き色が付くまで焼く。好みで七味唐辛子をふる。

長ねぎは一度焼くことで香ばしさがアップします。

作りおきにも

長ねぎのマスタードマリネ

おだやかな辛味の粒マスタードがアクセント！

材料｜2人分

長ねぎ……1本
オリーブオイル……小さじ2
A
- 白ワインビネガー……大さじ2
- 粒マスタード、砂糖……各小さじ2
- 塩……少々

作り方｜調理時間10分（冷やす時間は除く）

1－長ねぎは4cm長さに切る。
2－フライパンにオリーブオイルを熱し、1を並べ、ふたをして弱火で8分、全体に焼き色が付くまで焼く。
3－保存容器に**A**を入れて混ぜ合わせ、**2**を入れてからめ、冷蔵庫で1時間以上冷やす。

こんがり焼いてからマリネ液に漬けると、長ねぎの甘みが引き立ち、とろとろになります。

EGGPLANT

なす

スポンジ状の果肉で、
加熱するとやわらか！
低カロリーですが、油
を吸収しやすいです。

定番

レンチン蒸しなす

とろとろなすを、しょうがでさっぱりと

材料｜2人分

なす……2本（200g）
しょうが（すりおろし）、しょうゆ
……各小さじ1
削り節……少々
青ねぎ（小口切り）……適量

作り方｜調理時間 **10** 分

1 – なすはへたを落として縦に数本切り込みを入れ、ラップで包み、電子レンジ（600W）で3分、裏返して2分加熱し、水にさらして手で裂く。

2 – 器に**1**を盛り、しょうが、削り節、青ねぎをのせて、しょうゆをかける。

なすはまるごと加熱して水分の蒸発を防ぎ、切り込みを入れて裂きやすくします。

レンチン蒸しなすのアレンジ

レンチンエスニック蒸しなす

和風とエスニック風、覚えておくと便利！

「レンチン蒸しなす」のしょうゆ小さじ1→ナンプラー小さじ1、青ねぎ（小口切り）適量→パクチー適量にする。パクチーは1cm長さに切り、同様に作る。

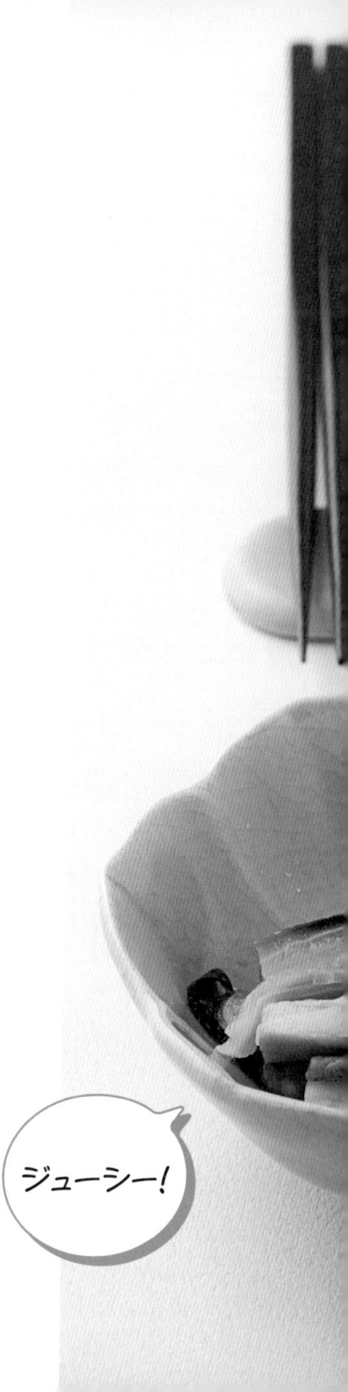

さっぱり味

なすとみょうがのさっぱりあえ

冷蔵庫で冷やせば、暑い時期にもぴったりの一品に

材料｜2人分

なす……2本（200g）
みょうが……2個
塩……小さじ2/3

作り方｜調理時間 5 分

1 ‒ なすはへたを落として薄い半月切り、みょうがは根元を切り落として縦半分にし、薄切りにする。

2 ‒ ボウルに**1**を入れて混ぜ、塩をふってもみ込み、しんなりしたら水気をよくしぼる。

なすは塩もみすると水分がたくさん出るのでしっかりしぼりましょう。

なすとみょうがのさっぱりあえのアレンジ

なすと新しょうがのさっぱりあえ

みずみずしい新しょうがを見かけたら作ってみて

「なすとみょうがのさっぱりあえ」のみょうが2個→新しょうが20gにする。新しょうがは千切りにし、同様に作る。

おつまみにも

なすピザ

ピザ生地をなすで、新感覚ヘルシーピザ！

材料｜2人分

なす……1本（100g）
ミニトマト……4個
スライスベーコン……1枚
A［トマトケチャップ……小さじ2
　 にんにく（すりおろし）……小さじ1/3
ピザ用チーズ、バジル（乾燥）……各適量
黒こしょう……少々

作り方｜調理時間 15 分

1－なすはへたを落として皮目に格子状の切り込みを入れ、縦4等分に切る。ミニトマトは四つ割りにして水気をふく。ベーコンは5mm幅の短冊切りにする。

2－なすに混ぜ合わせたAを塗り、ミニトマト、ベーコン、チーズの順にのせる。

3－オーブントースター（1000W）で8～10分、こんがり焼き色が付くまで焼く。バジル、黒こしょうをふる。

なすの皮に切り込みを入れて、火の通りをよくします。

なすピザのアレンジ

ズッキーニピザ

こちらもジューシーで食べやすい！

「なすピザ」のなす1本（100g）→ズッキーニ1本（200g）にする。ズッキーニはへたを落として皮目に格子状の切り込みを入れ、縦4等分に切り、同様に作る。

さっぱり味

なすのみぞれ煮

揚げずに蒸し焼きでカロリーダウン！

材料｜2人分

なす……2本（200g）
大根……100g
ごま油……小さじ2
A［めんつゆ（3倍濃縮）……大さじ2
　 しょうが（すりおろし）……小さじ1
青ねぎ……適量

作り方｜調理時間 15 分

1－なすはへたを落として乱切りにする。大根はすりおろす。

2－フライパンにごま油を弱火で熱し、なすを並べ、ふたをして5分焼く。

3－大根おろし、Aを加え、さらに5分煮る。器に盛り、青ねぎを散らす。

甘めのめんつゆはしょうがを加えることで味が締まります。

CHINESE
CHIVE

にら

スタミナ野菜の代表選手です。風味や食感を残すために、加熱は手早く！

定番

にらのおひたし 卵黄のせ

甘めのめんつゆと卵黄がからんでとっても美味！

材料｜2人分

にら……1把
卵黄……1個分
A
- めんつゆ（3倍濃縮）、水……各小さじ2
- ごま油……小さじ1/2
- にんにく（すりおろし）……小さじ1/4

白いりごま……適量

作り方｜調理時間 **5** 分

1－鍋に湯を沸かし、塩少々（分量外）を入れ、にらを1分ゆでて、冷水にさらしてよくしぼり、5cm長さに切る。

2－ボウルに**A**を入れて混ぜ合わせ、**1**をあえる。

3－器に盛り、中央を少しくぼませて卵黄をのせ、白いりごまをふる。

> にらは水っぽくならないようにしっかりしぼって。ペーパータオルを使っても。

おもてなしにも

えびにらまんじゅう

ボリュームたっぷり、スタミナアップ！

> えびは冷凍むきえびが便利ですが、ふつうのえびでも同様の作り方でOK。

材料｜2人分

にら……1/2把
冷凍むきえび……100g
A
- 豚ひき肉……100g
- オイスターソース……大さじ1/2
- にんにく（すりおろし）、しょうが（すりおろし）……各小さじ1

餃子の皮……10枚
ごま油……小さじ2
水……1/4カップ
酢、しょうゆ……各適量

作り方｜調理時間 **20** 分

1－にらは1cm幅に切る。えびは水に3～5分浸けて表面の氷を取り、水気をふいて刻む。

2－ボウルに**1**、**A**を入れてよく練り混ぜ、10等分にする。

3－餃子の皮の縁に水少々（分量外）を塗り、**2**を丸く包む。

4－フライパンにごま油を熱し、**3**を並べて3分焼く。水を加えてふたをし、水分がなくなるまで蒸し焼きにする。器に盛り、酢じょうゆを添える。

にんじん

最近のにんじんはクセがなく食べやすい！オレンジ色が料理の彩りになります。

定番

キャロットラペ

デリカテッセンの定番人気を自家製で！

材料｜2人分

にんじん……1/2本
塩……少々
A
- オリーブオイル……小さじ2
- 白ワインビネガー、粒マスタード……各小さじ1
- はちみつ……小さじ1/2
- こしょう……少々

レーズン、くるみ（刻む）……各適量

作り方｜調理時間 15 分

1 – にんじんは千切りにし、塩をふってもんで10分おき、水気をよくしぼる。

2 – ボウルに**A**を入れて混ぜ合わせ、**1**をあえる。レーズン、くるみを加えて混ぜる。

レーズンを加えるとほのかな甘みがつき、子どもでも食べやすくなります。

超カンタン

にんじんしりしり

沖縄の郷土料理をめんつゆで手軽に！

材料｜2人分

にんじん……1本
ツナ缶（水煮）……1缶（80g）
卵……1個
サラダ油……小さじ2
めんつゆ（3倍濃縮）……小さじ1
塩、こしょう……各少々

作り方｜調理時間 10分

1－にんじんは4cm長さの細切りにする。ツナは缶汁をきる。卵は溶きほぐす。

2－フライパンにサラダ油を熱し、にんじんを炒める。ツナ、めんつゆを加えてさっと炒め合わせ、さらに溶き卵を加えて炒め合わせ、塩、こしょうで味をととのえる。

溶き卵を加えたら炒めすぎないようにしてください。

おつまみにも

にんじんのバターステーキ

じっくり焼くから、ほくっとやわらか！

材料｜2人分

にんじん……1本
バター……10g
塩……少々
粉チーズ、パセリ（みじん切り）
……各適量

作り方｜調理時間 10分

1－にんじんは長さを半分に切り、四つ割りにする。

2－フライパンにバター、**1**を並べて塩をふり、ふたをして弱めの中火で5分、ときどき裏返しながら全体に焼き色が付くまで焼く。

3－器に盛り、粉チーズをふり、パセリを散らす。

にんじんは焦げないようにじっくり蒸し焼きにし、甘みを引き出します。

CHINESE CABBAGE

白菜

鍋の季節が旬ですが、通年手に入る白菜。風邪予防や美肌に効くビタミンCが豊富です。

こってり味

白菜とベーコンのクリーム煮

うまとろ食感でおなかもしっかり満たされます

材料｜2人分

白菜……2枚（200g）
スライスベーコン……1枚
バター……10g
薄力粉……大さじ1
牛乳……1/2カップ
塩、黒こしょう……各少々

作り方｜調理時間 15 分

1 – 白菜は2cm幅に切る。ベーコンは1cm幅の短冊切りにする。
2 – フライパンにバターを熱し、ベーコンを炒め、白菜を加えてさっと炒め合わせる。
3 – 薄力粉を少量ずつ加え、粉っぽさがなくなるまで炒め合わせる。牛乳を少量ずつ加えてとろみが付くまで煮る。塩で味をととのえる。器に盛り、黒こしょうをふる。

薄力粉と牛乳は一気に入れるとダマになりやすいので必ず少量ずつ加えましょう。

さっぱり味

白菜のゆずこしょうサラダ

ぴりっ、でもまろやかな味がやみつきに！

材料｜2人分

白菜……2枚（200g）
にんじん……1/4本
塩……小さじ1/4
A マヨネーズ……大さじ2
A 砂糖、ゆずこしょう、レモン汁……各小さじ1

作り方｜調理時間 15 分

1 – 白菜は1cm幅に切る。にんじんは千切りにする。
2 – ポリ袋に**1**、塩を入れてもみ、10分おいて水気をしぼる。
3 – ボウルに**A**を入れて混ぜ合わせ、**2**をあえる。

ゆずこしょうがアクセントになり、和風コールスローのような仕上がりに。

ピーマン

唐辛子の仲間ですが、辛味はありません。特有の苦味や青臭さは加熱するとやわらぎます。

お弁当にも

ピーマンのカレー炒め

カレー粉を使って食欲をそそる副菜に！

材料｜2人分

ピーマン……3個（120g）
オリーブオイル……小さじ1/2
塩、粉チーズ……各少々
A［しょうゆ……小さじ1/2
　カレー粉……小さじ1/3

作り方｜調理時間 **5** 分

1 – ピーマンはへた、種を除き、1㎝幅に切る。
2 – フライパンにオリーブオイルを熱し、**1**を炒め、塩をふる。さらに**A**を加えて炒め合わせる。器に盛り、粉チーズをかける。

カレー粉と粉チーズは鉄板の組み合わせ。子どもでも食べやすい味です。

レンチン

無限ピーマン

ご飯にのせたり、おにぎりの具にしても◎

材料｜2人分

ピーマン……4～5個（約180g）
A［塩昆布、ちりめんじゃこ
　……各大さじ2
　しょうゆ、ごま油、白いりごま
　……各小さじ1

作り方｜調理時間 **5** 分

1 – ピーマンはへた、種を除き、細切りにする。
2 – 耐熱容器に**1**、**A**を入れて混ぜ、ラップをふんわりかけて電子レンジ（600W）で3分加熱する。

塩昆布のうま味と香ばしいごま油で、まるでナムルのようなおいしさに。

BROCCOLI

ブロッコリー

栄養素が多く、野菜の
王様と呼ばれています。
茎にも栄養があるので
かたい部分だけ除いて
利用して。

レンチン

ブロッコリーと卵のマスタードマヨサラダ

卵もゆでずに、レンジ加熱で作ります

材料｜2人分

ブロッコリー……1株（200g）
卵……2個
A［マヨネーズ……大さじ3
　牛乳、粒マスタード……各大さじ1
粗びき黒こしょう……適量

作り方｜調理時間 10分

1 ブロッコリーは小房に分ける。茎はかたい皮をむき、薄切りにする。
2 耐熱ボウルに卵を割り入れ、破裂防止にフォークで黄身を数カ所刺してから、ラップをふんわりかけて電子レンジ（600W）で2分加熱する。
3 **2**をフォークで崩し、**1**を加え、ラップをふんわりかけて電子レンジ（600W）で3分加熱する。**A**を加えて混ぜる。器に盛り、粗びき黒こしょうをふる。

ブロッコリーがかたかったら、追加で30秒ずつ加熱してください。

おもてなしにも

ブロッコリーとミックスビーンズのサラダ

食感が楽しいヘルシーサラダです

材料｜2人分

ブロッコリー……1/2株（100g）
A［ミックスビーンズ缶……1缶（120g）
　カッテージチーズ……50g
　レモン汁……小さじ2
　オリーブオイル……小さじ1
　塩、黒こしょう……各少々

作り方｜調理時間 10分

1 ブロッコリーは小房に分ける。
2 鍋に湯を沸かし、塩少々（分量外）を入れ、**1**を2～3分ゆでてザルに上げ、水気をきる。
3 ボウルに**1**、**A**を入れてざっくり混ぜる。

ミックスビーンズの大きさに合わせて小さめに切ると食べやすいです。

SPINACH

ほうれん草

鉄分が豊富で、特に女性は積極的にとりたい野菜。旬の秋から冬には栄養価も甘みもアップ。

定番

ほうれん草のごまあえ

和食の定番副菜！ レンチンで簡単に作れます

材料 | 2人分

ほうれん草……1把（200g）

A［白すりごま……大さじ1と1/2
　 砂糖、しょうゆ……各小さじ1

作り方 | 調理時間 10分

1 – 耐熱容器にほうれん草を入れ、ラップをふんわりかけて電子レンジ（600W）で3分加熱し、さっと水にさらして水気をよくしぼり、4cm長さに切る。

2 – ボウルに**A**を入れて混ぜ合わせ、**1**をあえる。

> ほうれん草はレンジで加熱すると、水溶性の栄養素の流出を防げます。

ほうれん草のごまあえのアレンジ

さやいんげんのごまあえ

さやいんげんにして食感とボリューム感アップ！

「ほうれん草のごまあえ」のほうれん草1把（200g）→さやいんげん100gにする。さやいんげんはさっと塩ゆでして4cm長さに切り、同様に作る。

定番

ほうれん草のおひたし

どんな主菜にも合う、上品な味の副菜

材料｜2人分

ほうれん草……1把（200g）

A
- 水……1/2カップ
- しょうゆ……小さじ2
- 砂糖……小さじ1
- 和風だし（顆粒）……小さじ1/2

削り節……適量

作り方｜調理時間 **10** 分

1－耐熱容器にほうれん草を入れ、ラップをふんわりかけて電子レンジ（600W）で3分加熱し、さっと水にさらして水気をよくしぼり、4cm長さに切る。

水分で味が薄まらないようにしっかりしぼりましょう。

2－ボウルに**A**を入れて混ぜ合わせ、**1**を浸す。

3－器に盛り、削り節をのせる。

ほうれん草のおひたしのアレンジ

菜の花のおひたし

春を告げる菜の花に。ほろ苦さが大人向け！

「ほうれん草のおひたし」のほうれん草1把（200g）→菜の花1束（150g）にする。菜の花は耐熱容器に入れ、ラップをふんわりかけて電子レンジ（600W）で2分30秒加熱し、さっと水にさらして水気をよくしぼり、4cm長さに切り、同様に作る。

レンチン

巣ごもりほうれん草

ほうれん草に卵をからめて。朝食やブランチにも

材料｜2人分

ほうれん草……1/2把（100g）
卵……1個
塩、黒こしょう……各少々

作り方｜調理時間 **10** 分

1－耐熱容器にほうれん草を入れ、ラップをふんわりかけて電子レンジ（600W）で3分加熱し、さっと水にさらして水気をよくしぼり、4cm長さに切る。

2－耐熱皿に**1**をのせ、中央を少しくぼませて卵を割り入れる。破裂防止に楊枝で黄身を数カ所刺し、塩、黒こしょうをふる。

3－ラップをふんわりかけて電子レンジ（600W）で1分30秒～2分、卵が好みのかたさになるまで加熱する。

冷凍のほうれん草を使えば、もっと手軽に作れます。

巣ごもりほうれん草のアレンジ

巣ごもりキャベツ

腸活食材として人気のキャベツをたっぷり使って

「巣ごもりほうれん草」のほうれん草1/2把（100g）→キャベツ100gにする。キャベツは千切りにし、電子レンジで加熱せずにそのまま耐熱皿に入れ、卵を割り入れ、同様に作る。

BEAN SPROUTS

もやし

低カロリー、低価格、かさ増しにも！ コスパ最強野菜は季節を問わず使えます。

レンチン

もやしと豚肉のレンジ蒸しサラダ

ナンプラーで一気にタイ風。暑い季節にぴったり！

材料｜2人分

もやし……1/2袋（100g）
豚バラ薄切り肉……60g
長ねぎ……1/2本
A
- ナンプラー……大さじ1
- レモン汁……小さじ2
- にんにく（すりおろし）、ごま油……各小さじ1
- 黒こしょう……適量

作り方｜調理時間10分

1－豚肉は3cm幅に切る。長ねぎは斜め薄切りにする。

2－耐熱ボウルにもやし、**1**を入れ、ざっくり混ぜて、ラップをふんわりかけて電子レンジ（600W）で4分加熱する。全体を混ぜ、豚肉にしっかり火が通っていたら**A**を加えて混ぜる。

豚肉に赤い部分がある場合は、追加で30秒ずつ加熱してください。

超スピード

もやしとコーンのみそバター炒め

ラーメンのトッピングにしても！

材料｜2人分

もやし……1/2袋（100g）
冷凍コーン……30g
バター……5g
A
- 酒……小さじ2
- みそ……小さじ1
- 鶏がらスープの素（顆粒）……小さじ1/2
- にんにく（すりおろし）……少々

黒こしょう……少々

作り方｜調理時間5分

1－フライパンにバターを熱し、もやし、コーンを炒める。

2－**A**を加えて炒め合わせる。

3－器に盛り、黒こしょうをふる。

もやしの食感を残すため、中火でさっと炒めましょう。

LETTUCE

レタス

サラダによく使われますが、加熱調理もおすすめ。かさが減るので、たくさん食べられます。

おもてなしにも

ごろっとレタスのソテー

蒸し焼きにして、おいしくおしゃれに変身！

材料｜2人分

レタス……1/2個
オリーブオイル……小さじ1
酒……小さじ2
塩、こしょう……各少々
粉チーズ……適量

作り方｜調理時間 10 分

1－レタスは2等分のくし形切りにする。
2－フライパンにオリーブオイルを弱火で熱し、**1**を並べて酒をふり、ふたをして3分、裏返して3分焼く。
3－塩、こしょうをふって器に盛り、粉チーズをふる。

加熱することで崩れやすくなるので、芯の部分はしっかり残しておきましょう。

超スピード

無限レタス

包丁いらずのスピードメニュー！

材料｜2人分

レタス……1/4個
A
- 鶏がらスープの素（顆粒）、ごま油、白いりごま……各小さじ1
- にんにく（すりおろし）……小さじ1/4
- 粗びき黒こしょう……少々

作り方｜調理時間 3 分

1－レタスは手でちぎる。
2－ポリ袋に**1**、**A**を入れて振り、全体に味をなじませる。

レタスは包丁で切るより、ちぎるほうが味がよくからみます。

れんこん

シャキッ、ほっくり、もっちり。切り方や調理法でいろいろ変化する根野菜です。

超カンタン

れんこんのゆかりあえ

塩気の効いたゆかりは味が簡単に決まる調味料です

材料｜2人分

れんこん……100g
ゆかり……小さじ1

作り方｜調理時間 5 分

1 – れんこんは薄いいちょう切りにし、鍋に湯を沸かし、塩少々（分量外）を入れてさっとゆで、水気をきる。

2 – ボウルに**1**、ゆかりを入れて混ぜる。

れんこんが熱いうちに混ぜると、味がよくなじみます。

れんこんのゆかりあえのアレンジ

キャベツのゆかりあえ

食べやすいキャベツで
子どももパクパクやみつきに

「れんこんのゆかりあえ」のれんこん100g→キャベツ100gにし、塩少々を加える。キャベツはざく切りにし鍋に湯を沸かし、塩を加えてさっとゆで、同様に作る。

おつまみにも

れんこんとベーコンとアボカドのデリサラダ

3つの食材の食感の違いを楽しんで

材料｜2人分

れんこん……100g
アボカド……1/2個
スライスベーコン……1枚
A
- マヨネーズ……大さじ1
- オリーブオイル……小さじ1
- 塩、粗びき黒こしょう……各少々

サニーレタス……適量

作り方｜調理時間10分

1 – れんこんは5㎜厚さのいちょう切りにし、鍋に湯を沸かし、塩少々（分量外）を入れてさっとゆで、ザルに上げて水気をきる。アボカドは食べやすい大きさに切る。

2 – ベーコンは1㎝幅の短冊切りにし、ペーパータオルで包んで電子レンジ（600W）で1分、カリカリになるまで加熱する。

3 – ボウルに**A**を入れて混ぜ合わせ、**1**、**2**をあえる。器に適当な大きさにちぎったサニーレタスとともに盛る。

れんこんは厚めのいちょう切りにし、食感を残します。

れんこんとベーコンとアボカドのデリサラダのアレンジ

れんこんとえびとアボカドのデリサラダ

ベーコンをプリプリ食感のえびに。
見た目も鮮やか！

「れんこんとベーコンとアボカドのデリサラダ」のスライスベーコン1枚→冷凍えび6尾にし、塩少々を加える。冷凍えびは水に3～5分浸けて表面の氷を取り、塩を加えた湯で2～5分ゆでてザルに上げ、同様に作る。

材料別副菜索引

 ※アレンジレシピ、P120～123の副菜のタレ&ソースと、それぞれのタレ&ソースを使った副菜のレシピは含みません。

 ※アレンジレシピ、P120～123の副菜のタレ＆ソースと、それぞれのタレ＆ソースを使った副菜のレシピは含みません。

北嶋佳奈 きたじま かな

管理栄養士、フードコーディネーター。大学卒業後、飲食店勤務やフードコーディネーターアシスタントを経験し、独立。2019年に株式会社Sunny and設立。「こころもからだもよろこぶごはん」をテーマに、ダイエットや美容・健康に関する料理本の出版、各媒体でのレシピ開発やコラム執筆、ラジオ・テレビ・イベントへの出演、健康経営エキスパートアドバイザーとして企業向け健康セミナーなど、幅広く活躍。ボディメイクの大会で日本3位入賞。『やせるオートミールレシピBOOK』(学研プラス)、『デパ地下みたいなごちそうサラダ ベストレシピ 決定版』『遅夜ごはん 疲れた日でも、これなら作れる。』(いずれも宝島社)など著書多数。

HP　https://www.321and.com
YouTubeチャンネル　https://www.youtube.com/@KanaKitajima
X (旧Twitter)　https://twitter.com/KanaKitajima
Instagram　https://www.instagram.com/kanakitajima/

STAFF
撮影　田辺エリ
スタイリング　伊藤みき (tricko)
本文デザイン　大橋麻耶 (maya design room)
調理協力　飯塚陽子、高木麻実子 (共にSunny and)
撮影協力　UTUWA
校正　西進社
取材・文　富田純子、吉野清美
構成・編集　石井香織 (シーオーツー)

すぐにできる、もう1品!
小さなおかず 365

2024年1月10日　第1刷発行
2024年12月10日　第3刷発行

著者　北嶋佳奈
発行者　永岡純一
発行所　株式会社永岡書店
〒176-8518 東京都練馬区豊玉上1-7-14
電話03-3992-5155 (代表)　03-3992-7191 (編集)

DTP　編集室クルー
印刷・製本　クループリンティング

ISBN978-4-522-44073-5 C2077